안중근 안솔로지

안중근의 모든 것

안중근 안쏠로지
안중근의 모든 것

1판1쇄 발행 2019년 10월 26일
1판4쇄 발행 2024년 6월 5일

지 은 이 ㈔안중근의사숭모회 / 기념관
엮 은 이 유영렬
펴 낸 이 김형근
펴 낸 곳 서울셀렉션㈜
편   집 정하철, 이혜균, 이주화, 문화주
디 자 인 이찬미
마 케 팅 김종현

등   록 2003년 1월 28일(제1-3169호)
주   소 서울시 종로구 삼청로 6 (03062)
편 집 부 전화 02-734-9567 팩스 02-734-9562
영 업 부 전화 02-734-9565 팩스 02-734-9563
홈페이지 www.seoulselection.com

ISBN 979-11-89809-16-4 03910

안중근 안쏠로지

안중근의 모든 것

AHN JUNG GEUN ANTHOLOGY

서울셀렉션

발간사

'마땅히 천국에 가서도 국권을 회복하기 위해 힘쓰겠다'라고 말한 안중근 의사의 유언이 머릿속에 맴도는 것은 110년 전 그날에도, 그리고 110년이 지난 지금도 의사께서 만세를 부를 것이라는 믿음 때문일 것입니다. 여전히 고국 땅을 밟지 못한 안중근 의사이기에 효창공원의 비석 없는 가묘가 처연하게 느껴지고, 그 그리움 또한 더욱 커집니다.

하지만 우리가 안중근 의사를 잊지 않고 오래도록 기억하고 있다는 것은 참으로 다행스러운 일입니다. 그것은 안중근 의사가 시대를 앞선 혜안으로 동북아시아의 평화를 염원한 인물이기 때문입니다. 하얼빈 의거는 장한 일이지만 의거에 가려진 안중근이 아니라, 그 너머에 있는 안중근의 모습을 볼 수 있어야 할 것입니다.

(사)안중근의사숭모회에서는 안중근 의사 탄신 140주년과 하얼빈 의거 110주년을 맞이하여 『안중근 안쏠로지』를 발간합니다. 안중근이라는 인물을 키워드와 도큐멘트, 텍스트로 구분해 조명한 첫 단행본으로서 안중근 의사의 삶과 사상이 모두 담겨 있습니다.

안중근 의사의 의거에는 애국계몽운동에서 의병투쟁에 이르는 삶의 여정이 묻어납니다. 의거 이후 옥중에서 외친 그의 목소리에는 그가 직접 밝힌 의거의 목적, 그리고 동양평화에 대한 구체적인 사상이 담겨 있습니다. 안중근이 옥중에서 밝힌 이토 히로부미의 죄상은 당시 일본의 침략상을 엿볼 수 있는 자료이자, 그가 사상적으로 많은 고민을 하였던 인물임을 보여줍니다.

이 책에는 위태로운 시국에 나라의 정세를 파악하기 위해 노력한 안중근 의사의 모습, 그의 친필 유묵과 미완의 글이지만 동양평화에 대한 구체적인 구상을 담고 있는 「동양평화론」 등이 모두 담겨 있습니다. 안중근 의사가 순국한 지 110년이 되는 오늘날까지 안중근 의사는 우리 앞에 여전히 살아 있습니다.

안중근 의사를 사랑해주시는 여러분의 적극적인 협조가 있었기 때문에 의미 있는 책을 펴낼 수 있었습니다. 무엇보다 이 책이 나오기까지 도움을 주신 서울셀렉션 김형근 대표 이하 관계자 여러분과 안중근의사숭모회 정하철 전 상임이사, 그리고 안중근의사기념관 이혜균 국장, 이주화 학예팀장에게도 아울러 감사의 뜻을 전합니다.

2019년 10월 26일
(사)안중근의사숭모회 이사장 김 황 식

차례

제1장

키워드로 본 안중근

안家네 장남 응칠

안중근 의사는 1879년 9월 2일 황해도 해주부 광석동에서 태어났다. 3남 1녀 중 장남이었다. 사람들은 그를 응칠(應七)이라는 아명으로 부르곤 했는데, 그 이름은 태어날 때부터 가슴과 배에 있던 점 일곱 개에서 유래했다. 점들을 이으면 북두칠성이 연상되었기 때문에 그 기운에 응하여 탄생했다는 의미에서 부친이 그렇게 부른 것이다.

그의 집안은 황해도 해주에서 대대로 살아왔다. 가문을 대표하는 조상은 고려 시대의 이름난 성리학자 문성공 안향(安珦)이었다. 안향의 본관은 순흥이고, 안중근은 그의 26세손이다. 안 씨 집안은 무반이 대다수인 전형적인 향반 가문이었는데, 안중근의 고조부 때부터는 해주, 봉산, 연안 일대에 많은 전답을 장만해 황해도에서 손꼽히는 부유한 집안이 되었다.

조부 안인수는 진해현감을 지냈고, 부친 안태훈은 성균진사였다. 부친은 어려서부터 재주와 학문이 뛰어나 황해도에서 신동으로 불렸다. 또 일찍이 개화 사조를 받아들여 한때 박영효 등이 일본에 파견할 칠십여 명의 유학생 후보 중 한 명으로 선발되기도 했다. 한편, 모친 조성녀는 배천 조 씨 선(煽)의 3남 2녀 중 차녀였다. 그녀는 훗날 마리아라는 세례명으로 더 많이 알려지게 되었다. 부친과 모친에게는 장남 중근 외에 성녀, 정근, 공근이라는 자녀들이 있었다.

안중근의 생애에서 1884년은 새로운 유년기의 시작을 알리는 해였다. 그의 청계동 시대가 개막했기 때문인데, 안 씨 집안의 청계동 이주는 역사적인 사건과 관련이 있다. 갑신정변[1]이 실패하면서 유학생 후보들까지 그 소용돌이에 휘말리게 된 것이다. 부친 안태훈은 탄압의 대상이 되자 관직의 꿈을 포기했다. 그리고 그 사건 이후 일가족 팔십여 명을 이끌고 황해도 신천군 두라면 천봉산 아래 청계동으로 은신했다.[2]

안중근은 청계동 산촌에서 성장하며 서당에서 구 년여 동안 한학을 수학했는데, 학문보다는 사냥 등을 더 좋아했다. 특히 승마술과 사격술이 뛰어났다. 총을 메고 산에 올라 새와 짐승을 사냥하느라 학문에 힘을 쓰지 않았기 때문에 부모님의 속을 썩이기도 했다. 조부가 서당에 모셔온 스승까지 그를 꾸짖었으나, 그때까지만 해도 그는 학문에 별 관심이 없었던 듯하다.

그의 글재주를 아까워하던 친구들이 "너희 아버지는 문장으로 세상

---

1 갑신정변: 1884년(고종21년) 대원군과 사대당의 쇄국정책에 반대하여 개혁을 통해 근대화를 단행하려던 혁신파 김옥균, 박영효, 홍영식 등이 일으킨 정치변혁 사건이다. 청군의 개입으로 실패했다.

2 안태훈이 청계동 이주를 결심하게 된 데는 경제적인 이유도 있었다는 주장이 있다. 이와 관련해서는 노르베르트 베버의 『고요한 아침의 나라』(박일영 외 옮김, 분도출판사, 2012) 중 청계동에 대해 서술한 부분에 잘 나타나 있다.

해주 수양산 아래 광석동, 안중근의 탄생지

신천 천봉산 아래 청계동, 그는 일곱 살 때부터 이곳에서 살았다

에 이름을 드러내셨는데, 너는 어째서 장차 무식한 하등인이 되려고 하는 것이냐?"라며 간곡히 타이를 정도였다. 하지만 소년 중근은 늘 당당했다. 그는 친구들에게 자신의 생각은 다르다며 개의치 않았다고 한다. 초패왕 항우[3]는 '글은 이름이나 적을 줄 알면 그만이다'라고 할 정도로 글공부에 관심이 없었는데, 만고 영웅 초패왕의 명예는 천추에 남아 전해지고 있다고 하면서 말이다. 그러면서 이렇게 말했다. "나도 학문으로 세상에 이름을 전하고 싶지는 않다. 항우도 장부요, 나도 장부다. 다시는 내게 (학문을) 더 권하지 마라."

---

3 항우: 중국 진(秦)나라 말기의 무장(BC 232-BC 202). 이름은 적(籍)이다. 숙부 항량과 함께 군사를 일으키고 유방과 협력하여 진나라를 멸망시키고 스스로 서초의 패왕이 되었다. 그 후 유방과 패권을 다투다 해하(垓下)에서 포위되어 자결했다.

부친 안태훈 진사의 영정　　　　모친 조마리아 여사의 영정

조모와 부친, 삼촌들

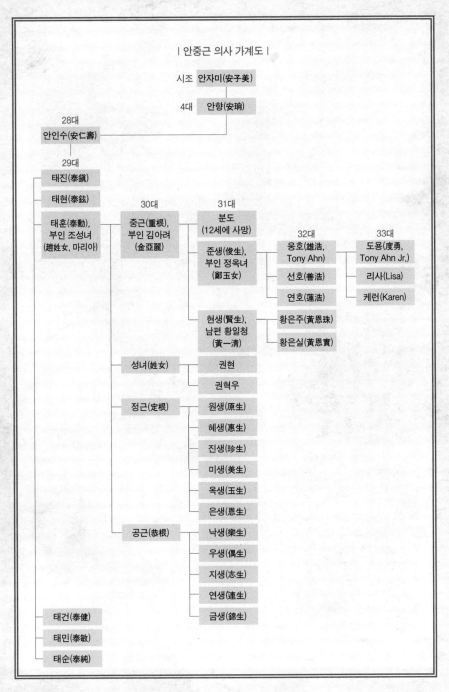

| 안중근 의사 가계도 |

시조 안자미(安子美)

4대 안향(安珦)

28대 안인수(安仁壽)

29대
- 태진(泰鎭)
- 태현(泰鉉)
- 태훈(泰勳), 부인 조성녀 (趙姓女, 마리아)

30대
- 중근(重根), 부인 김아려 (金亞麗)

31대
- 분도 (12세에 사망)
- 준생(俊生), 부인 정옥녀 (鄭玉女)
- 현생(賢生), 남편 황일청 (黃一淸)

32대
- 웅호(雄浩, Tony Ahn)
- 선호(善浩)
- 연호(蓮浩)
- 황은주(黃恩珠)
- 황은실(黃恩實)

33대
- 도용(度勇, Tony Ahn Jr.)
- 리사(Lisa)
- 케런(Karen)

30대
- 성녀(姓女)
  - 권현
  - 권혁우
- 정근(定根)
  - 원생(原生)
  - 혜생(惠生)
  - 진생(珍生)
  - 미생(美生)
  - 옥생(玉生)
  - 은생(恩生)
- 공근(恭根)
  - 낙생(樂生)
  - 우생(偶生)
  - 지생(志生)
  - 연생(連生)
  - 금생(錦生)

29대
- 태건(泰健)
- 태민(泰敏)
- 태순(泰純)

부인 김아려 여사와 자녀들,
의거 직후 하얼빈에서

아들 준생(맨 오른쪽), 딸 현생과 동생 공근(앞쪽), 1920년

| 안중근 의사 가문의 건국훈장 서훈자 |

훈 격	서 훈 자	주요활동 및 공적
대한민국장	안중근(본인)	항일독립투쟁, 이토 히로부미 처단
독 립 장	안정근(동생) 안공근(동생) 안명근(사촌동생) 안경근(사촌동생) 안춘생(오촌 조카) 최익형(안명근 매제)	임정의원, 무오독립선언 서명자, 독립군 군자금 모금 임정요원, 한인애국단원, 이봉창, 윤봉길 의거 지원 데라우치 조선총독 암살미수(15년 옥고) 김구의 정치참모, 박은식, 신채호 등과 독립운동 광복군 지대장, 항일투쟁(초대 독립기념관장) 데라우치 조선총독 암살미수
애 국 장	안봉생(오촌 조카) 오항선(여동생 자부) 조순옥 (오촌 조카 부인)	임정의원(사형 집행 전 일제 패망으로 생환) 김좌진 부대 조력, 독립군 군량미 조달 활동 충칭, 시안 등지에서 광복군 활동
애 족 장	조마리아(어머니) 안태순(숙부) 안홍근(사촌동생) 안원생(조카) 안낙생(조카)	국채보상운동, 임시정부 경제후원회 활동 대한국민노인동맹단 대표 한인사회당 결성 참여, 독립단, 독립자금 모금 활동 임정요원, 광복군, 한인애국단원 임정요원, 한인애국단원

* 서훈자 옆 괄호 내용은 안중근과의 관계

대한제국의 청년 인재

언젠가 안중근은 자신이 평생 하고 싶은 일이 네 가지라고 말한 적이 있다. 친구를 사귀어 의를 맺는 일과 음주가무를 즐기는 일, 사냥과 승마가 바로 그가 하고 싶은 일이었다. 하지만 그는 결코 자신이 좋아하는 일만 하며 살지 않았고, 또 그렇게 살 수도 없었다. 학문에 관심이 없어 보이는 듯 했어도 조부와 부친, 서당 스승의 가르침을 놓치지 않았고 사서삼경과 『통감』, 『조선사』와 『만국역사』 등을 학습하며 지식을 쌓아 갔다.

1894년 동학농민운동이 일어나 부친이 신천의려군을 조직했을 때 문무를 겸비한 청년 안중근의 진가가 비로소 드러났다. 그는 선봉장으로 출전해 동학을 빙자한 무리를 격퇴하는 작전을 세우고 적들을 물리쳤다. 그때 그는 '천강홍의장군(天降紅衣將軍, 하늘에서 내려온 붉은 옷을 입은 장군)'이라는 명성을 얻을 정도로 대단한 능력을 발휘했다.

안중근의 능력을 말할 때면 그의 뛰어난 사격술을 빼놓을 수 없다. 1909년 하얼빈 의거 당시 총탄 세 발로 이토 히로부미를 절명하게 한 사격 솜씨는 소년 시절부터 다져온 훈련의 결과였다. 그는 청계동을 둘러싼 천봉산에서 사냥을 즐기며 말 위에서 돔방총으로 달아나는 짐승들을 잡았고, 날아가는 새들도 백발백중으로 맞추었다. 어쩌면 그는 타고난 명사수였을지도 모른다.

국내에 있을 때뿐 아니라 망명지에서도 틈만 나면 사격 연습을 하여 명사수로서의 진가를 갈고닦았다. 해외에서 안중근이 사격 연습을 한 장소로 알려져 있는 곳은 북간도 명동촌 부근 문암동 선바위와 연해주 얀치헤[4] 지역 최재형의 집이다. 최재형의 딸 최올가 페트르브나의 일기를 보면 안인철('안응칠'의 오기로 보임)이라는 분이 자기 집에 기거하면서 사격 연습을 했다고 기록하고 있다.

---

4 연추 혹은 옌치아라고 부르기도 한다. 한자어 표기는 煙秋이다. 러시아 블라디보스토크에 인접한 지역으로, 조선에서 이주해온 한인들이 집단적으로 거주하며 한인촌을 형성한 곳이다. 외국 지명이기 때문에 이 책에서는 외래어 표기법에 따라 얀치헤로 부르기로 한다.(현재 이 지역의 러시아어 정식 명칭은 크라스키노이다.)

도마 안중근

1894년은 안중근에게 많은 일이 일어난 해다. 김홍섭의 딸 아려(亞麗)와 결혼이라는 삶의 관문을 통과했고, 처음으로 의병대를 조직해 의병 활동에 나섰다. 그해 탐관오리들의 수탈과 학정에 항거하는 동학농민운동[5]이 일어났는데, 혁명 중의 혼란은 뜻하지 않게 외국 군대의 간섭을 불러왔다. 간섭은 충돌로, 충돌은 싸움으로 이어졌고 결국에는 청일전쟁이 발발했다. 한국은 두 나라의 싸움터로 전락하고 말았다. 이때 각 지방에서는 동학을 빙자한 무리들이 외국인을 배척한다는 명목으로 관리들을 죽이고 백성들을 약탈하는 행위가 끊이지 않았다.

그러한 만행을 저지하기 위해 부친 안태훈은 의군을 모아 의려소, 즉 의병을 조직했다. 당시 열여섯 살이던 안중근도 부친을 따라 의병을 모집하고 최선을 다해 의병을 지휘했다. 아버지와 아들은 함께 장정 수백

---

5 동학농민운동: 1894년 전라도 고부군수 조병갑의 수탈에 항거하여 일어난 농민운동으로 동학 접주 전봉준에 의해 동학혁명으로 발전한 정치 변혁 운동이다.

빌렘 신부

청계동 천주교 본당

명을 이끌며 관군을 도와 동학당을 진압했다.

　부친은 진압한 동학당 무리에게서 곡식을 노획해 의병들의 식량으로 사용했다. 그런데 갑자기 중앙정부의 관리인 탁지부대신 어윤중, 전선혜청당상 민영준 등이 이 군량미를 문제 삼고 나섰다. 그들의 압력과 위협으로 곤궁에 빠진 부친은 급기야 명동성당으로 피신하기에 이르렀다. 그곳에서 프랑스인 신부들의 도움으로 세 달가량 은신하게 되었는데, 이 시기에 부친은 성서를 탐독하고 교리를 깨달아 천주교 신자가 되었다.

　1896년 10월경 군량미 문제가 해결되자 부친은 교리사 이종래(바오로)를 대동하고 『성교요리문답(聖敎要理問答)』 등의 천주교 관련 서적을 가지고 청계동으로 귀향했다. 부친의 선교 활동에 힘입어 청계동

주일미사를 마친 청계동 본당 교우들

을 비롯한 일곱 마을에서 신앙 운동이 크게 일어났다. 부친은 매화동
본당 빌렘(Nicolas Joseph Marie Willhelm) 신부[6]에게 마을에 예배당을
만들어 달라고 청원하고 세례를 받았다. 이듬해인 1897년 정월에는 가
족과 청계동 사람 서른세 명이 함께 세례를 받았는데, 그 중에는 물론
아들 중근도 포함되었다. 안중근의 세례명은 도마(Thomas)였다. 부친
은 베드로, 모친은 마리아, 부인 김아려 여사는 아네스라는 이름을 세
례명으로 받았다.

6 빌렘 신부: 한국명 홍석구(1860-1936). 알자스-로렌 출신의 프랑스인으로 황해도 일대에서 선
교활동 중 안태훈을 만나 청계동에 성당을 짓고 안중근 집안의 모든 사람에게 천주교 입교 세례를
주었다. 안중근이 개화사상과 민권의식을 갖도록 도왔고, 뤼순 감옥에서 그에게 고해성사와 종부성
사를 베풀었다.

당시 열아홉 살이던 안중근은 빌렘 신부를 도와 황해도 일대를 순례하며 복음 전파에 힘썼다. 그는 천주교 신자로서 신앙심이 매우 두터웠고 모든 일의 중심을 천주교에 두었으며 열심히 교리를 익혔다. 그러는 동안 프랑스어와 근대 사상, 서양 문명에 대한 지식도 공부하기 시작했다.

　　그는 한국의 자주독립과 발전을 위해서는 먼저 인재를 양성해야 한다고 생각했다. 그리하여 도움을 구하고자 빌렘 신부와 함께 당시 한국 천주교 최고 책임자였던 뮈텔(Gustave Charles Marie Mutel) 주교를 만났다. 그 자리에서 안중근은 대학 설립의 필요성을 강조하며, 유럽의 천주교 수사회가 한국에 대학을 세울 수 있게 해달라고 도움을 청했다. 그러나 뮈텔 주교는 학문이 오히려 신앙에 방해가 될 수 있고, 한국에서는 대학 교육이 시기상조라며 그의 제안을 단번에 거절했다. 그 후 안중근은 '천주교의 진리는 믿을지언정 외국인은 믿을 것이 못 된다'라고 생각하며 프랑스어 공부를 중단하기도 했다.

어느 천주교인의 안중근 이야기

독일의 성 베네딕도회 오틸리엔 수도원 총아빠스(대수도원장) 베버 신부가 1911년 저술한 『고요한 아침의 나라』에는 안중근에 관한 이야기가 기록되어 있다. 이 책은 베버 신부가 한국을 다녀오고 쓴 여행기로, 1914년 독일 뮌헨에서 초판이 나왔고 다음해 재판이 간행되었다.

총 19장으로 구성된 내용 중 안중근 이야기는 15장 '당산나무 아래서, 청계동의 역사'에 나온다. 베버 신부는 1911년 황해도의 청계동을 직접 방문해 보고들은 내용, 그곳 풍물과 안중근 의사 유족의 상황, 청계동의 교회 상황 등을 사실적으로 묘사했다. 특히 귀중한 사진과 삽화를 남겨 안중근 집안과 천주교에 대한 이해를 깊이 있게 전했다.

청계동의 풍광, 성당의 모습, 안중근 가족, 특히 부친 안태훈의 위엄, 안 씨 집안의 자산, 1894년 동학란 진압, 해주 교안, 안중근 가문과 빌렘 홍석구 신부 사이의 알력, 안중근 의거, 안중근 가족의 러시아 망명 등의 내용이 상세히 기술되어 있다.

노르베르트 베버
(Norbert Weber) 신부

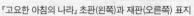
『고요한 아침의 나라』 초판(왼쪽)과 재판(오른쪽) 표지

을사년의 결심

1904년 러일전쟁이 일어났다. 안중근은 한국과 만주의 분할권을 둘러싼 이 전쟁에서 어느 나라가 이겨도 한국으로서는 결코 이로울 것이 없다고 판단했다. 하지만 일본이 전쟁의 목적을 한국의 독립을 공고히 하고 동양의 평화를 이룩하기 위한 것이라 규정하는 칙서를 발표했기 때문에, 일본의 승리를 바라는 마음도 있었다.

그러나 전쟁이 끝나자 일본은 한국의 독립을 보장하기는커녕 매국노 다섯 명을 앞세워 1905년 을사늑약[7]을 강제로 체결했다. 한국을 일본의 보호국으로 만들어 버린 것이다. 이에 항의해 시종무관장 민영환과 참판을 지낸 홍만식 등이 자결했고, 장지연은 『황성신문』에 「시일야방성대곡(是日也放聲大哭)」을 발표해 통곡했으며, 전국 각지에서 이 조약의 폐기를 요구하는 군중 봉기가 일어났다. 안중근은 이 사건을 지

---

7 을사늑약: 제2차 한일협약이라고도 하며, 을사조약으로 불리기도 한다. 1905년 11월 17일 대한제국 외부대신 박제순과 주한 일본 공사 하야시 곤스케 사이에 체결된 조약이다. 1905년 러일전쟁에서 승리한 일본이 한국의 외교권을 박탈하기 위해 강제로 체결했으며 5개항으로 되어 있다.

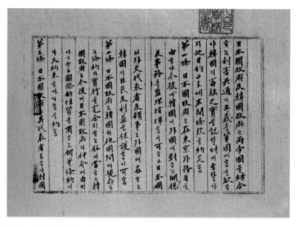

을사늑약 문서, 제목도 없고 인준서도 없다

켜보며 풍전등화와 같은 나라의 운명을 걱정하지 않을 수 없었다. 위태로운 상황은 그를 각성시켰다. 을사년, 안중근은 항일독립운동에 몸바칠 것을 결심했다.

그해 겨울 그는 일본의 야욕에 격분하며 청계동에서 고뇌에 찬 나날을 보냈다. 긴 고민 끝에 어떻게든 나라를 구해야겠다는 일념으로 부친과 상의한 뒤, 한인들이 많이 살고 있는 중국 산둥성 등지에서 항일운동의 기지를 만들고자 상하이 답사길에 나섰다.

드디어 상하이에 도착한 안중근은 그곳에 정착해 살고 있는 한인들을 만나 독립운동의 활로를 모색하려 했다. 하지만 뜻을 함께 하려는 이들을 찾을 수 없어 그는 금세 실의에 빠졌다. 그러던 중 우연히 황해도에서 오랫동안 선교 활동을 같이 한 프랑스인 르 각(Le Gac, 한국명 곽원량) 신부를 만나게 되었는데, 신부님은 그에게 국권회복을 위해서는 먼저 사람들이 깨어 있어야 한다고 조언했다.

그렇게 하기 위해 가장 중요한 것은 교육이었다. 교육을 통해 사회를 확장시키고 사람들이 하나가 될 필요성을 설득시켜야 했다. 그러한 과정을 통해 사람들의 실력이 먼저 양성되어야 국권회복에 다가갈 수 있다는 것이 그 조언의 요지였다. 안중근은 르 각 신부의 조언에 귀를 기울였고, 사람들을 교육해 계몽시키는 일의 필요성을 새삼 절실하게 느꼈다.

진남포의 교장 선생님

1905년 12월 중국 답사길에서 돌아온 안중근은 귀국하자마자 비보를 접했다. 언제나 나라를 걱정하시던 부친이 별세하신 것이다. 아들은 통곡했고, 장남으로서 정성을 다하여 장례를 다시 치렀다. 이후 마음을 다잡은 그는 부친의 유지를 받들어 국권이 회복될 때까지 교육활동에 헌신하기로 굳게 마음먹었다.

1906년 3월 안중근의 가족은 고향 청계동을 떠나 진남포로 이주했다. 그는 재산 일부를 정리해 삼흥학교를 세웠고, 곧이어 돈의학교도 인수했다. 그리고 교장직을 수행하며 학생들을 가르치고 특히 국권수호를 위한 무력 투쟁의 중요성을 인식시키며, 나라를 구할 인재를 양성하는 데 힘썼다. 안창호, 이준 등 저명한 애국지사들을 초청해 강연회를 개최하기도 했다. 안중근은 그렇게 지방의 애국계몽운동에 전력을 기울였다.

또한 대구에서 서상돈이 일으킨 국채보상운동에도 적극적으로 동참했다. 평양에 국채보상기성회 관서지부를 설치하고 그 취지를 뜻있는

진남포 시가지, 이곳에 삼흥학교와 돈의학교가 있었다

선비들에게 권고하는 데 앞장섰다. 그뿐 아니라 솔선수범해 자신과 가족이 소유한 금붙이 등 귀중품을 헌납하기도 했다.

안중근은 독실한 천주교 신자로서 또 구국교육가이자 계몽운동가로서 헌신의 길을 걸었다. 신앙인이자 교육가. 아마 당시 그는 이렇게 규정되었을 것이다. 하지만 거기에만 머물 수 없었다. 1907년 7월 헤이그 밀사사건[8]을 빌미로 일본은 고종 황제를 강제 폐위했고, 이토 히로부미[9]를 조선의 초대 통감으로 임명해 정미조약[10] 체결을 이끌게 했

---

8 헤이그 밀사사건: 1907년 고종이 일제의 눈을 피해 네덜란드 헤이그에서 개최되는 만국평화회의에 이준, 이상설, 이위종을 파견해 일본의 국권침탈에 항의하는 친서를 전달하려 했던 사건. 일본 측 방해로 회의에 참석하지 못하자 이준은 울분에 못 이겨 분사했다.

9 이토 히로부미[伊藤博文]: 일본 헌법의 기초를 세운 정치가. 러일전쟁 후 1905년, 조선에 통감부가 설치되자 초대 통감으로 부임했다. 1909년 추밀원 의장 자격으로 만주 시찰을 겸하여 러시아 재무대신과 회담을 하기 위해 중국 하얼빈에 갔다가 안중근의 총탄에 맞고 사망했다.

10 정미조약: 일본이 한일합병을 위한 예비조치로 체결한 7개항의 조약으로 한일신협약이라고도 한다.

삼흥학교 관련 기사

안중근이 국채보상운동에 나섰던 평양 거리

다. 강제 체결된 정미조약으로 군대가 해산되고 산림과 광산, 철도 운영권이 일본에 넘어가는 등 한국의 식민지화가 강력하게 진행되었던 것이다.

일본의 통감정치가 이렇듯 갈수록 극심했기 때문에 안중근은 또 다른 직분을 갖지 않을 수 없었다. 기다리기만 하기에는 현실의 고통이 너무 참혹했기에, 지금 바로 적에 맞서야 했다. 그는 무장 투쟁을 선택하지 않을 수 없었다. "교육으로 백년대계는 가능하나, 당장 망해가는 나라를 구할 수는 없다." 이렇듯 절박한 심정으로 그는 후일을 도모하기 위해 해외 망명길에 올랐다.

의병항쟁과 단지동맹

　1907년 8월 안중근은 구국의 결의를 다지며 부산을 출발했다. 회령에서 두만강을 건너 북간도에 도착한 그는 처음 3개월 동안 용정을 중심으로 북간도 일대를 순회하면서 국권회복의 터전을 잡고자 했다. 그러나 일제의 전위조직인 통감부 간도파출소가 이미 설치되어 뜻을 펼칠 수 없어 그해 10월에 러시아 얀치혜를 거쳐 블라디보스토크로 갔다. 그곳에서 안중근은 계동청년회 임시 사찰을 맡으면서 항일독립운동의 큰 경륜을 펴기 시작했다.

　그는 먼저 연해주 각지 한인 마을을 순회하며 애국계몽 활동을 벌였다. 한인 사회의 교육과 실업의 발달을 도모하고 항일투쟁을 위해 민심을 하나로 모을 목적이었다. 연해주 인근 지역뿐 아니라 멀리 하바롭스크 이북 헤이룽강 유역에 흩어져 있던 수많은 한인 촌락을 전전하며 갖은 위험을 무릅쓰고 강연 활동을 전개했다. 안중근의 비분강개한 강연은 동포들의 마음을 움직이는 데 크게 성공해 그를 따르는 사람이 많아졌다. 1908년 3월에는 연해주 한인 사회의 단결과 동지를 규합하

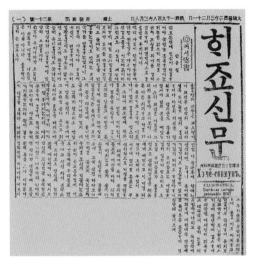

「인심결합론」(『해조신문』1908년 3월 21일자)

기 위한 「인심결합론」을 『해조신문』에 기고했다.

이어 본격적으로 최재형, 이범윤 등과 군대를 양성해 1908년 봄 김두성을 총독, 이범윤을 대장으로 하는 대한국 의군 창설에 성공했다. 안중근은 전투에 참가해 치열한 항일투쟁을 결행하기 시작했다.

그해 7월에는 의병 이삼백 명을 거느리고 두만강을 건너 함경도 경흥군 홍의동에서 항일전을 개시하여 일본군 여러 명을 사살하는 전과를 올렸다. 곧이어 신아산으로 진출해 일본군 헌병 분견대를 습격하는 등 큰 전적을 세웠는데, 이때 일본군 몇 명을 포로로 잡았으나 만국공법과 인도주의에 따라 석방했다. 이에 불만을 품은 의병들이 반발해 대오에서 이탈하는 일도 있었다. 안중근의 부대를 비롯한 연해주 의병은 회령군 영산에서 일본군과 치열한 전투를 벌였으나, 포로를 석방해 정

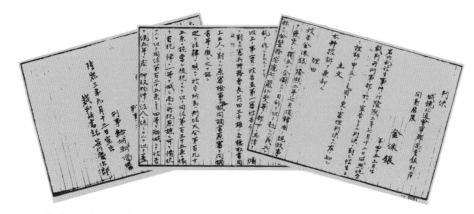

국내진공작전 실증 문서, 김수은 의병에 대한 일제 판결문이다

보가 노출되고 정예 일본군의 토벌 작전이 거세져 퇴각을 거듭하게 되었다. 이 시기 그는 초근목피로 연명하며 장마 속 산길에서 한 달 반 사투를 벌여 겨우 연해주 본영으로 귀환할 수 있었다. 이렇듯 산속에서 풍찬노숙하며 고난의 시기를 겪었지만, 안중근은 그 와중에도 상심해하는 대원들을 격려하며 사기를 북돋았다.

일본군과의 결전과 승패를 거듭한 국내진공작전을 마친 후, 안중근은 다시 심경을 가다듬었다. 이후 블라디보스토크와 하바롭스크 등 연해주 일대와 헤이룽강 상류 지방을 오가며 강연을 통해 독립 사상을 고취하고 동지를 규합하는 데 힘쓰며 재기를 모색했다. 이처럼 활발한 활동을 전개하던 안중근은 그 무렵 그곳 한인 사회에 침투하고 있던 친일 단체 일진회[11] 일당에게 습격을 당해 목숨을 잃을 뻔한 사건이 있었는

11 일진회: 1907년 이완용 내각에서 농상공부대신을 지낸 송병준이 조직한 친일 매국단체로 을

안중근의 단지혈서 엽서

데 그러한 위기의 순간을 경험하며 그는 많은 생각을 했다.

교포 사회에도 친일 세력이 침투해 있는 것을 보고 그는 믿을 수 있는 동지를 모으기 시작했다. 1909년 2월 26일 안중근과 동지 열한 명

사늑약을 지지하고 국내외에서 독립운동가들의 활동을 방해했다.

동지 백규삼(왼쪽)과 황병길(오른쪽)

단지동맹 기념비

뤼순 감옥에서의 안중근, 왼손 무명지를 자른 모습이다

은 얀치혜 카리 마을에 모여 동맹을 결성했다. 그들은 "국권회복과 동양 평화 유지"를 위해 헌신할 것을 다짐하며 각자의 왼손 무명지 첫 관절을 잘라 그 피로 맹세했다. 이렇게 단지동맹, 즉 동의단지회가 결성되었다.

동지들은 태극기를 펼쳐 놓고 붉은 피로 "대한독립"이라 쓰고 대한독립 만세를 외쳤다. 독립을 향한 열두 동지들의 뜨거운 열망이 붉은 피로 승화되는 순간이었다.

동의단지회 취지문

『권업신문』제125호, 1914년 8월 23일자

오늘날 우리 한국 인종은 국가가 위급하고 민족의 삶이 멸망할 지경에 처했다. 어찌하면 좋을지 방법을 모르고 그저 좋은 때가 오면 괜찮을 거라 하고, 외국이 도와주면 될 거라 한다. 이 말은 다 쓸데없는 말이니, 이렇게 말하는 사람은 놀기만 좋아하고 남에게 기대기만 하는 까닭이라. 우리 이천만 동포가 몸과 마음을 하나로 합하여 생사를 가리지 않고 힘쓴 후에야 국권을 회복하고 생명을 보전할지라.

그러나 우리 동포는 말로만 애국이니 일심단체니 하고 실제로 뜨거운 마음과 간절한 행동이 없다. 그리하여 우리가 특별히 한 회를 조직하니, 그 이름은 동의단지회라. 우리가 손가락 하나씩을 끊음은 비록 조그마한 일이나 첫째는, 국가를 위하여 몸을 바치는 빙거(憑據)요, 둘째는 일심단체의 표시라. 오늘날 우리가 더운 피로써 청천백일지하에 맹세하오니 지금부터 시작해 아무쪼록 이전 허물을 고치고 일심단체하여 마음을 변치 말고 목적에 도달한 후 태평동락을 만만세로 누리옵시다.

주   위 내용은 안중근이 직접 작성한 동의단지회 취지서로, 『권업신문』에 보도된 내용이다.

「만고의사 안중근전」,
독립운동가 계봉우가 1914년 6월 28일부터 8월 29일까지 『권업신문』에 연재했다

늙은 도둑 처단 계획

단지동맹을 결성한 후 안중근은 블라디보스토크와 얀치헤를 오가며 의병활동을 어떻게 재기할지 모색했다. 그러던 중 1909년 10월 『대동공보』 주필 이강에게서 한국 침략의 원흉 이토 히로부미가 하얼빈에 온다는 소식을 듣는다.

러일전쟁에서 승리한 일본은 유리한 입장을 이용하여 한국을 합병한 뒤 만주를 침략할 계획이었다. 당시 일본 추밀원[12] 의장이었던 이토는 이 계획을 실행하기 위해 하얼빈에서 러시아 대장성대신 코코프체프(Kokovsev)를 만나 동양 전체에 대한 정책을 협의한다는 구실로 북만주를 시찰할 계획이었다.

이 소식을 접한 안중근은 '여러 해 소원하던 목적을 이제야 이루게 되다니, 늙은 도둑이 내 손에서 끝나는구나!'라며 분연히 일어났다. 그

---

12 추밀원: 국정자문회의 기관. 일본은 1890년 7월 입헌군주제를 마련하면서 의회 제도를 확립했다.

하얼빈역, 1909년

블라디보스토크 개척리, 의거 직전 항일운동 근거지

(왼쪽부터) 의거를 앞둔 안중근, 우덕순, 유동하

는 이 기회에 이토를 사살하면 일본의 침략 정책을 세계에 알리는 좋은 기회가 될 것이라 확신했다. 이어 이토 처단 계획을 블라디보스토크에 있던 독립투사 정재관, 김서무 등과 논의하고는 곧 실행에 옮길 채비를 했다. 1909년 10월 21일 오전 8시 50분 안중근은 의병 동지 우덕순과 함께 블라디보스토크를 출발해 하얼빈으로 향하는 기차에 몸을 실었다.

하얼빈으로 가는 중에 동지 유경집의 아들 유동하가 통역을 위해 합류했다. 이튿날인 10월 22일 저녁 하얼빈에 도착한 안중근 일행은 그곳 한인 사회에서 신망이 높은 김성백의 집에 묵게 되었다. 10월 23일 오전 안중근은 이발을 하고 우덕순, 유동하와 함께 의거를 결의하는 사진을 찍었다. 그때 하얼빈에 있던 조도선이 새로 합류해 거사 장소가 두 곳으로 나뉠 경우를 대비하게 되었다.

그날 밤 김성백의 집에는 긴장감이 감돌았다. 그곳에서 안중근 일행이 거사를 계획하고 있었던 것이다. 여러 신문을 모아 이토의 도착 시간과 환영 절차 등에 관한 정보를 수집하면서 치밀한 계획을 세우던 그들은 이윽고 준비한 권총과 실탄을 다시 한번 점검했다. 안중근은 거사를 앞두고 좁은 방 희미한 등잔불 아래서 장차 행할 일을 하나하나 정리해 가면서 끓어오르는 심경을 시 한 수로 풀어냈다. 안중근의 시를 본 우덕순은 「거의가」로 화답했다.

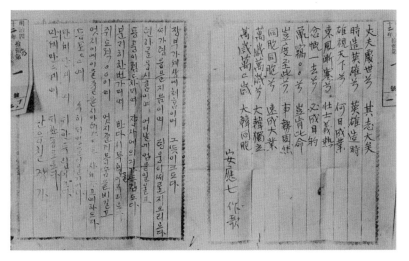

안중근의 「장부가」(위)와
우덕순의 「거의가」(아래)

대동공보사 이강 전

안녕하시옵니까.

이번 달 9일(양력 10월 22일) 오후 8시 이곳에 도착하여 김성백 씨 댁에 머무르고 있습니다.『원동보』에서 보니 이토는 이번 달 12일(양력 10월 25일) 러시아 철도총국에서 특별히 준비한 특별열차에 탑승하여 그날 오후 11시쯤 하얼빈에 도착할 것 같습니다. 우리는 조도선 씨와 함께 저의 가족들을 맞아 관성자에 가는 길이라 말하고 관성자에서 거의 10여 리 떨어진 정거장에서 때를 기다려 그곳에서 일을 결행할 생각이오니 그리 아시기 바랍니다. 이 큰일의 성공 여부는

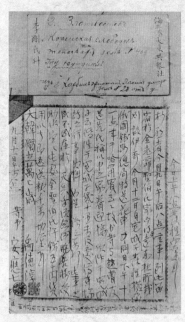

하늘에 달려 있으나, 동포의 기도에 힘입어 성공하게 되기를 간절히 바랍니다. 그리고 이곳 김성백 씨에게서 돈 50원을 차용하니, 속히 갚아 주시기를 천만 번 부탁드립니다.

대한독립 만세

9월 11일(양력 10월 24일) 오전 8시
우덕순 인
안중근 인

추신:
포브라니치나야에서 유동하와 함께 이곳에 도착했으니 앞으로의 일은 본사로 통보할 것입니다.

안중근이 쓴 엽서,
의거 준비 상황과 자금 상환 내용이 적혀 있다

하얼빈역의 영웅

10월 24일 아침 안중근은 우덕순, 조도선과 함께 이토를 저격할 장소를 찾아 기차를 타고 차이자거우[蔡家溝]역으로 향했다. 차이자거우역은 헤이룽장성과 지린성 경계에 있는데, 일본 남만주철도와 러시아 동청철도가 교차하는 그곳에서 이토가 열차를 갈아탈 수도 있었기 때문이다. 안중근은 차이자거우역에서의 정황을 파악한 뒤 홀로 역사의 현장 하얼빈역으로 향했다. 그러나 우덕순과 조도선을 수상히 여긴 러시아 경비병의 방해로 차이자거우역에서의 계획은 불발되고 말았다.

마침내 1909년 10월 26일이 밝았다. 안중근이 하얼빈역에 도착한 것은 오전 7시경. 그는 먼저 역 안에 있는 찻집으로 들어가 동정을 살폈다. 러시아 군인들과 마중 나온 사람들이 역사 안팎에 운집해 크게 혼잡했다. 당초 러시아 당국이 동양인 검문을 요구했으나, 일본이 자국민의 출입을 자유롭게 보장해야 한다는 이유로 거절했기에 안중근은 별다른 제재 없이 쉽게 역내로 들어설 수 있었다.

오전 9시경. 이토를 태운 특별열차가 플랫폼에 멈춰 섰고 마중 나온

하얼빈 의거 전후 운행되던 급행열차

이토 히로부미가 도착하기 직전의 하얼빈역 플랫폼

코코프체프가 수행원과 함께 열차 안으로 들어갔다. 그리고 20여 분 뒤 코코프체프의 안내를 받으며 이토가 드디어 열차 밖으로 나왔다.

안중근은 마음속으로 기도했다. 국가와 민족을 위해 꼭 성공하게 해 달라고. 분연히 일어난 그는 찻집을 나와 환영 인파 속으로 뚜벅뚜벅 걸어갔다. 이토는 도열한 러시아 의장대를 사열하고는 외국 영사단 앞으로 가 마중 나온 사람들이 환영하는 인사를 받기 시작했다.

오전 9시 30분경. 안중근은 러시아 의장대 뒤에서 기회를 노리고 있었다. 십여 걸음 떨어진 지점에 이토가 이르렀다. 바로 그 찰나에 도열해 있는 군인들 사이로 전광석화와 같이 총탄이 발사됐다. 안중근의 손에 브라우닝 M1900 권총이 들려 있었다. 순식간에 일어난 일이었다. 모두 네 발을 쏘았는데 그 중 세 발이 이토의 상박과 옆구리, 그리고 복

삼엄한 경계 속에 도열한 의장대와 외국 영사단

열차에서 내린 이토 히로부미와 그 일행

이토 히로부미 처단 의거 장면도(박영선 화백)

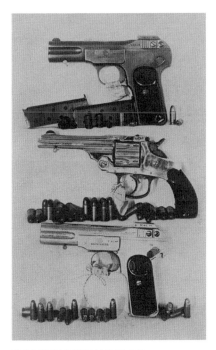

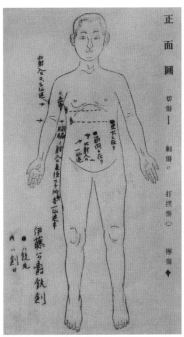

의거에 사용한 브라우닝 M1900 권총　　　　　　이토 히로부미 진단 도면

부에 명중했다. 안중근은 그날 이토를 처음 보았다. 혹시나 다른 사람을 쏘아 천하대사가 낭패로 돌아가면 어쩌나 하는 마음에 그는 뒤따르던 일본인 몇몇을 향해 다시 세 발을 더 쏘았다. 이토를 수행하던 하얼빈 주재 일본총영사 가와카미 도시히코, 궁내부 비서관 모리 야스지로, 만주철도 이사 다나카 세이지로가 중경상을 입고 차례로 쓰러졌다.

　저격 직후 러시아 헌병들이 덮치자 힘에 밀려 넘어지면서 권총을 떨어뜨렸던 안중근은 곧장 일어나 큰소리로 만세를 세 번 외쳤다. '코레아 우라(대한국 만세)!' 그리고는 순순히 러시아 헌병장교 미치올클로프에게 체포되었다. 이토는 열차로 옮겨져 수행의사 고야마 젠에게서 응급처치를 받았으나 절명하였다.

한국에 이어 만주를 삼키려던 일제 하수인 이토 피살 사건은 충격적이었다. 『요미우리신문』과 『경성일보』 등의 매체는 호외를 돌리며 청천벽력과 같은 소식을 전했고, 해외에 망명해 독립운동을 하던 애국지사들은 환호의 찬사를 보냈다. 중국은 마치 자신들의 원수를 갚은 것처럼 기뻐했다. 그러나 국내의 친일파 일부는 통감부를 방문하여 조문하고 사죄단을 파견해야 한다고 법석을 떨기도 했다.

하얼빈 의거 호외 보도기사

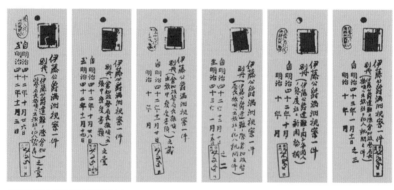

하얼빈 의거 관련 일본 정부 문서

뒤로 수갑이 채워지고 쇠사슬에 묶인 안중근   하얼빈 의거 소식을 전하는 긴급 전문

이토 히로부미 장례 행렬(도쿄)

하얼빈 의거 동지 3인

우덕순(禹德淳, 1879-1950)

다른 이름은 연준. 호는 단운. 충청북도 제천 출신으로 서울에 올라와 독립협회 등에서 활동했다. 1905년 을사조약이 체결되자 해외에서 국권 회복 운동을 해야겠다고 결심하고 러시아 연해주로 망명했다.

그곳에서 교육사업을 하며 의병을 모집했고 1908년 안중근과 함께 국내진공작전을 감행했다. 두만강을 건너 경흥, 회령 등지에서 일본군과 교전했다. 우세한 일본군의 병력과 화력 앞에 패하고 연해주로 돌아온 그는 이름을 연준으로 고치고 담배 행상을 하면서 재기를 도모하기도 했다.

1909년 10월, 블라디보스토크에서 안중근을 만나 이토 히로부미 처단에 동참하기로 결정하고 거사 장소를 하얼빈으로 정했다. 의거 전날, 성공률을 높이기 위해 이토가 탄 기차가 정착하는 다른 역에서도 거사를 실행할 가능성을 고려하게 되었다. 그리하여 우덕순은 조도선과 함께 차이자거우역에서, 안중근은 하얼빈역에서 의거를 일으키기로 했다. 그러나 차이자거우역에서 두 사람은 러시아 경비병의 방해로 계획을 실행하지 못했다.

우덕순은 조도선과 함께 러시아 헌병대에 체포되어 일본총영사관에 인도되었고, 안중근과 함께 뤼순에서 재판을 받고 3년 동안 옥고를 치렀다. 그 후 북만주 일대에서 한인회장을 지내다가 해방 후 귀국, 1948년 대한민국당 최고위원으로 정치활동을 했다. 1950년 한국전쟁 중 인민군에게 처형당했다. 1962년 건국훈장 독립장에 추서되었다.

유동하(劉東夏, 1892–1918)

다른 이름은 강로. 함경남도 원산 출신이다. 그의 아버지 유경집은 한약방을 운영하며 독립운동을 도왔는데, 1909년 10월 21일 안중근이 하얼빈으로 가는 도중 통역을 구하자 아들 유동하를 소개했다. 그리하여 유동하는 안중근, 우덕순과 함께 하얼빈에 도착해 그의 사돈인 김성백 집에 의거 동지들이 유숙하도록 주선했다.

10월 25일, 차이자거우역에 머물고 있던 안중근에게 그는 이토 일행이 10월 26일 아침 하얼빈에 도착한다는 전보를 쳤고, 이 소식에 안중근은 하얼빈역으로 달려왔다. 유동하는 이렇게 정보를 제공하여 이토 처단을 성공하도록 도왔다. 이로 인해 일제에 체포되어 뤼순 감옥으로 이송되고, 1년 6개월 동안 옥고를 치렀다.

석방 후 항일운동을 지속적으로 전개했으며, 1918년 조선의 독립운동을 지원받기 위해 러시아 볼셰비키 혁명군에 가담했다. 일본군에 붙잡혀 처형당했다. 1962년 건국훈장 독립장에 추서되었다.

조도선(曹道先, 1879-?)

함경남도 홍원 출신으로 1895년 고향을 떠나 러시아 이르쿠츠크 등지에서 세탁업과 러시아어 통역에 종사하다 1909년 8월 블라디보스토크를 거쳐 하얼빈으로 갔다. 그해 10월, 한국 침략의 원흉 이토 히로부미가 하얼빈에 온다는 소식이 들려오자 그는 이토를 처단하기 위해 하얼빈에 온 안중근, 우덕순, 유동하와 뜻을 함께 하기로 했다.

의거의 성공률을 높이기 위해 하얼빈역이 아닌 차이자거우역에서 우덕순과 함께 이토를 기다렸다. 차이자거우역에서 먼저 시도를 하고, 성공하지 못할 경우 하얼빈역에서 의거를 단행하기로 작전을 짰던 것이다.

10월 26일, 안중근이 하얼빈역에서 의거를 성공하고 체포될 즈음 조도선도 우덕순과 함께 차이자거우역 지하실에서 러시아 군인에게 체포당했다. 1910년 2월 14일 징역 1년 6개월 형을 선고받고 옥고를 치렀다. 1962년 건국훈장 독립장에 추서되었다.

의거의 이유

이토 저격 직후, 안중근은 현장에서 아무런 저항 없이 체포되어 하얼빈역 러시아 헌병대 분소에서 러시아 검찰관의 신문을 받았다. 러시아는 이 사건이 정치적으로 미묘하다고 판단했다. 그리하여 일제가 안중근의 신병 인도를 요구하자 체포 당일 밤 9시쯤 그를 하얼빈 일본 총영사관으로 인계하고는 재빨리 발을 뺐다. 거사가 이루어진 하얼빈역은 러시아가 관할하는 구역이었으나, 일제는 을사조약으로 재외 조선인에 대한 재판 관할권이 일본에 있다고 주장했다.

안중근은 팔 일 동안 하얼빈 주재 일본 총영사관 지하실에서 조사를 받았는데, 그때 의거 동지들이 한두 명씩 잡혀 와 그곳에 각기 분산되어 구금되었다. 그리고 10월 30일부터 안중근은 뤼순에서 급파된 미조부치 다카오 검찰관에게서 본격적인 신문을 받기 시작했다. 검찰관의 첫 번째 신문에서 그는 의거의 이유를 이렇게 밝혔다.

"내가 이토 히로부미를 죽인 것은 한국 독립전쟁의 한 부분이요, 또 내가 일본 법정에 서게 된 것은 전쟁에 패배하여 포로가 되었기 때문

伊藤博文罪惡

一、一千八百六十七年 大日本明治天皇陛下父親太皇帝陛下弑殺大逆不道事
二、一千八百八十四年 使人抛韓國賊臣朴泳孝等入于皇室事
三、一千九百○五年 以兵力突入于大韓皇室威脅 皇帝陛下勒定立條約事
四、一千九百○七年 更加勒定五條約事
五、威脅勒定之後大韓皇帝陛下廢位事

外務省

六、所謂第一銀行券勒奇提行于韓國内地法貨渴全國財政事
七、國債一千二百萬元勒奇于韓國事
八、韓國内地學校書冊壓收燒火内外國新聞不傳事
九、韓國内地許多義士峰記故國權者稱以暴徒砲殺絞殺不地甚至於義士眷全

當奪教為十餘萬人事
十、韓國青年外國遊學禁止事
十一、所謂韓國政府大官五賊七賊等一連會事
十二、一千八百○五年更為勒定五條約事
十三、韓國三千里疆土欲為屬邦於日本之孫宮亡事
十四、韓國自一千九百○五年都無安日二千萬生靈哭聲滿天殺戮不絕砲聲彈雨到今不息然伊藤韓國以太平無事之樣上欺明治

外務省

天皇事
十五、自此東洋平和永為破傷幾萬萬人種將未免滅亡事
許多罪狀不可枚舉承高後研行於生行稱外大儀
義於列强内文誼於新聞紙為光乙日本後減東洋幅員
全幅光東洋幾萬萬人種東洋有志青年誘公深察之哉

「이토 히로부미 죄악」, 안중근이 쓴 것을 일본 외무성에서 정서한 문서다
(이토 히로부미의 열다섯 가지 죄악에 관한 자세한 내용은 235-236쪽 참조)

이다. 나는 개인 자격이 아니라 대한국 의군 참모중장 자격으로 조국의 독립과 동양의 평화를 위해 이 일을 행한 것이니 만국 공법에 의해 처리하도록 하라."

안중근은 의거를 독립전쟁의 일부 즉 전투로 규정했다. 그에게는 전투를 치를 만한 명분이 충분했는데, 그만큼 이토의 죄가 명백했기 때문이다. 신문을 받는 과정에서 그는 이토의 죄목을 조목조목 제시했다. 명성황후를 시해한 죄부터 무고한 한국인들을 학살한 죄, 동양 평화를 깨뜨린 죄, 일본 천황의 아버지 태황제를 죽인 죄에 이르기까지 그에게는 의거를 단행하기에 충분한 명분이 열다섯 개나 있었다.

그는 대한국 의군 참모중장 자격으로 이토를 처단했다. 하얼빈 의거는 이토의 옳지 못한 정략을 바로 잡기 위한 정당한 처사였음을 주장하며 "내가 죽고사는 것은 논의할 필요가 없소. 단지 내 뜻을 빨리 일본 천황에게 알리시오. 그래서 이토의 옳지 못한 정략을 고쳐 동양의 위급한 대세를 바로잡는 것이 내가 간절히 바라는 바이오"라고 하였다. 안중근은 거사 당일 러시아 검사관에게 신문을 받을 때부터 일본 검찰관의 신문과 이듬해 2월의 공판에 이르기까지 이러한 주장을 일관되게 펼쳤다.

뤼순 감옥

안중근은 하얼빈의 일본 총영사관 지하 감방에서 첫 번째 조사를 받은 후 11월 3일 우덕순, 조도선, 유동하 등과 함께 뤼순 감옥으로 이송되어 수감됐다. 뤼순은 행정 구역상 랴오닝성 다롄[大連]시에 속한 곳으로 중국 동북 지역의 최대 항구도시인 다롄의 여섯 개 구 가운데 하나다. 일본은 러일전쟁 후 이곳에 즉각 관동도독부를 설치해 총독의 지휘 감독 아래 전옥을 두고 감옥을 관장하게 했다.

이곳에 수감되었을 당시 안중근이 혹독하게 고문을 당했다는 설도 있으나, 그동안 여러 자료에 나타난 정황을 종합해 볼 때 수감 초기 이후에는 일본인들이 그의 훌륭한 인품에 감동하여 큰 고문은 없었던 것으로 보인다. 안중근 자신도 자서전에서 "검찰관은 늘 나를 후대하고 신문이 끝난 뒤에는 언제나 이집트 담배를 주었기 때문에 담배를 피워 가며 공정한 토론도 했다"라고 쓰고 있다.

그러나 검찰관의 태도는 곧 돌변했다. 안중근은 1909년 11월 14일 두 번째 신문을 시작으로 1910년 2월 6일까지 미조부치 검사에게 열

뤼순 감옥, 안중근 수감 당시 모습이다

한 번, 사카이 경시에게 열세 번의 신문을 받았는데, 횟수를 거듭할수록 검찰관의 신문 태도가 강압적으로 변해 갔던 것이다. 이에 안중근은 "일본이 비록 백만 명 군사를 가졌고 또 천만 문 대포를 갖추었다 해도 안응칠의 목숨 하나 죽이는 권세 말고 달리 무슨 권세가 있을 것인가? 사람이 세상에 나서 한 번 죽으면 그만인데 무슨 걱정이 있을 것인가? 나는 더 대답할 말이 없으니 마음대로 하라"라며 의연하게 검찰관을 꾸짖기도 했다.

검찰관의 태도 변화는 법원의 입장이 돌변했다는 점을 추측하게 한

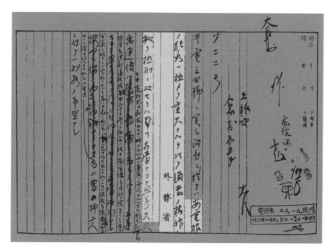

'안중근 극형' 지령 전문, 일본 외무대신이 작성했다

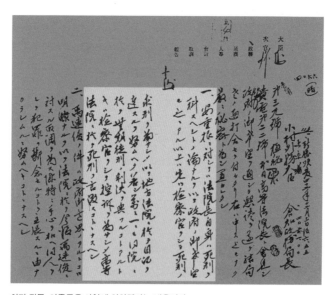

회답 전문, 안중근을 사형에 처하겠다는 내용이다

다. 당시 관동도독부 법원은 의거의 정당성과 재판 관할권의 애매한 입장, 그리고 안중근의 돈독한 신앙심 등을 고려해 형량으로 무기징역을 고려했을 수도 있다. 그러나 일본 정부 내 강경파가 서둘러 극형에 처하라는 밀명을 보내 와 법원의 태도가 표변하지 않을 수 없었던 것으로 풀이된다.

이미 1910년 1월에 관동도독부 지방법원은 2월 7일 고등법원 제1호 법정에서 안중근의 첫 공판을 열기로 결정했다. 당시 관동도독부 법원의 재판 제도는 판사가 단독으로 심리하고 재판하는 2심 제도를 채택하고 있어 이를 보완하기 위해 1심 이전에 예심을 거치도록 되어 있었다. 그러나 안중근의 사건은 그 중대함에도 불구하고 예심 없이 바로 1심에 회부되었다. 이 역시 일본 외무성의 지령이 있었기 때문이다.

2월 1일 검찰관은 지방법원에 이 사건에 대한 공판을 청구했다. 안중근, 우덕순과 조도선, 유동하의 죄명은 각각 살인, 살인예비, 살인방조였다. 법원은 속전속결로 그날 재판부를 구성했다. 주임 재판장 관동도독부 지방법원장 마나베 주조, 담당 검찰관 미조부치 다카오, 통역 소노키 스에키, 서기 와타나베 료이치로 재판부가 구성되었고, 변호는 일본인 관선 변호사인 미즈노 기치타로와 가마다 세이지에게 맡겨졌다.

세기의 재판

1910년 2월 7일 마침내 공판 첫날이 다가왔다. 안중근을 비롯한 피고인 네 명은 체포되던 당시의 복장 그대로 아침 일찍 뤼순 감옥을 나와 호송마차를 탔다. 일본 순사와 헌병들이 마차를 삼엄하게 호위했다.

관동도독부 법원 청사에 도착해 아래층 좁은 방에 대기하고 있던 안중근 일행은 오전 9시쯤 관동도독부 고등법원 제1호 법정에 들어섰다. 그들은 포박에서 풀려나 방청석 맨 앞 피고인석에 나란히 앉았다.

그날 공판정에는 블라디보스토크 동지들과 해외 동포들이 돈을 모아 각각 선임한 러시아인 미하일로프(C. P. Mihailov) 변호사와 영국인 더글러스(J. E. Douglas) 변호사, 그리고 서울의 유지들과 안중근의 어머니가 보낸 안병찬 변호사 등이 참석했다. 그러나 일본은 당초 약속과 달리 이들의 변호 신청을 불허했다. 세 변호사는 변호인으로서 공판에 참여할 수 없게 된 것이다. 시작부터 공정하지 못한 공판이었다.

수많은 사람들이 아침 6시부터 모여들었는데 재판소 측은 방청객을 삼백 명으로 제한했다. 방청석에는 러시아인이 세 명, 한국인이 세

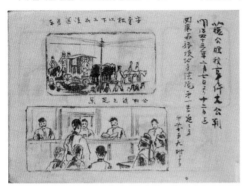

호송마차와 공판 장면

변호사와 방청객, 당당하게 진술하는 안중근

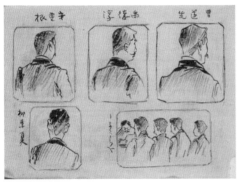

안중근, 우덕순, 조도선, 유동하의 뒷모습

재판장 등 공판 관련자들

명(안병찬 변호사와 안중근의 두 동생), 영국인이 한 명 있었고 나머지는 모두 일본인이었다. 많은 기자들이 이 재판을 현장에서 지켜보고 있었다.

마나베 판사는 먼저 피고인 4명에게 인정신문을 했다. 그리고 오전 9시 20분쯤에는 개별 신문이 이어졌다. 판사는 안중근에게 물었다. "3년 동안 연해주에서 망명 생활을 할 때 무엇을 목표로 하고 있었는가?" 그러자 그가 답했다. "하나는 한국을 계몽시키는 교육운동이고, 다른 하나는 의병투쟁을 통해 국권을 회복하기 위한 독립운동이었다." 이어 이토를 총살한 목적을 묻자 공판정에 잠시 침묵이 흘렀다. 안중근은 차분하면서도 당당하게 의거의 이유와 의의를 말하기 시작했다.

"이번 거사는 나 개인을 위한 것이 아니라 한국의 독립과 동양의 평화를 위한 것이다. 러일전쟁이 시작될 때 일본 천황은 칙서에 동양의 평화를 유지하고 한국의 독립을 공고히 하기 위해 전쟁을 한다고 썼다. 그래서 일본이 이겼을 때 우리나라가 승리한 것처럼 기뻐했는데, 얼마 지나지 않아 이토가 한국을 협박해 을사늑약을 맺었다. 그것은 일본 천황의 약속에 반하는 것이었다. 이어 정미조약을 맺어 한국인이 더 큰 불이익을 당하게 만들었다. 급기야는 고종 황제의 폐위까지 강행했다. 그렇기 때문에 한국인은 이토를 원수로 삼게 되었다. 이것이 내가 이토를 죽인 이유다."

안중근이 진술하는 동안 재판부는 번번이 그를 제지했다. 하지만 그는 자신의 뜻을 조금도 굽히지 않았다. 하얼빈 의거는 자신을 위한 것이 아니라 조국의 독립과 동양의 평화를 위한 것이라 거듭 주장하면서 말이다.

첫 공판 이후 형식적인 재판들이 계속되었다. 일본 정부의 강압으로 재판부는 서둘러 신문하고 구형을 내렸다. 일본인 변호사의 변호 역시 요식 행위에 지나지 않았다. 공판은 여섯 차례 열렸고 단 일주일 만에 모두 끝났다.

이러한 공판을 어떻게 바라봐야 할까? 이 사건에 관심이 있는 사람이라면 공판 자체가 무효라는 사실을 금방 알 수 있을 것이다. 이 사건은 러시아 조차지역[13]에서 일어났고 사건의 당사자는 일본인이 아닌 한국인이었다. 그렇기 때문에 이 사건은 일본 사법부의 관할이 아니었다. 그런데도 일본 형법을 기초로 재판이 진행되었다는 점에서 이 재판은 그 자체가 무효라고 할 수 있다.

그뿐 아니라 재판부는 외국인 민선 변호인단을 인정하지 않고 일본이 일방적으로 지명한 일본인 관선 변호인만을 인정해 재판을 진행했다. 이렇게 재판을 진행하는 것은 법률 위반일 뿐 아니라 상식을 벗어난 조치다. 무엇보다도 재판부는 피고의 발언권을 봉쇄한 상태에서 재판을 속전속결로 진행하며 제대로 된 심리나 재판을 성실히 수행하지 않았다.

마지막으로 당시 일본 검찰은 을사늑약과 안중근의 의병 부대는 정규군이 아니라는 논리를 강조하며, 전쟁을 수행한 것이라는 안중근의 주장을 반박했다. 그러나 이 조약은 한국의 외교권이 강압적으로 일본에 위임된 것이지, 한국이 주권을 상실했다는 것을 의미하지는 않는다. 그렇기 때문에 당시 한국이 주권 국가로서 스스로의 안보를 책임질 수 없고, 정규군도 보유할 수 없다는 논리는 틀린 것이다.

의병 부대가 정규군이 아니라 하더라도, 1907년 헤이그 만국평화회의에서 채택한 육전규칙[14]에 의하면 정규군뿐 아니라 비정규군도 교전

---

13 조차지역: 한 나라가 그 영토의 일부분을 다른 나라에 일시적으로 대여해준 땅을 의미한다. 하얼빈은 중국 영토로 러시아가 점령한 조차지였다. 1895년 청일전쟁에서 승리한 일본은 러시아에게 그 지역의 반환을 요구했지만 협상이 결렬되었다. 그것은 1904년 2월 러일전쟁의 빌미가 되었다.

14 육전규칙: '육전의 법 및 관습에 관한 협약'의 부속 규칙(Regulations respecting the Law and Customs of War on Land)이다. 1899년 제1회 헤이그 만국평화회의에서 제정되었고, 1907년 제2

자격자가 될 수 있다. 그렇기 때문에 전쟁을 수행한 것이라는 안중근의 논리를 반박하기는 어렵다. 이렇게 볼 때 관동도독부 법원의 판결은 일본이 국제법과 관례를 무시하고 약소국 국민을 부당하게 재판한 하나의 사례라 할 수 있다.

회 회의에서 개정되었다.

하얼빈 의거 공판 기록

「뤼순 법정 공판 시말서」중에서

마나베 주조 재판장 이토 공이 탄 열차가 도착했을 때, 피고는 어떤 행동을 했는지 그 상황을 진술하라.

안중근 내가 찻집에서 차를 마시고 있는데 열차가 도착했다. 그와 동시에 음악이 연주됐고 군대가 경례하는 것을 보았다. 나는 차를 마시면서 '하차할 때 저격할까, 아니면 마차에 탈 때 저격할까' 하고 생각했는데, 일단 상황이라도 보려고 나가 보니 이토는 기차에서 내려 많은 사람들과 함께 영사단 쪽으로 병사들이 정렬한 앞을 행진하고 있었다. 그래서 나는 그 뒤쪽에서 같은 방향으로 따라갔지만, 누가 이토인지는 잘 분별할 수 없었다. 자세히 보니 군복을 입은 것은 모두 러시아인이고 일본인은 모두 사복을 입고 있었는데, 그 중 맨 앞에서 행진하는 사람이 이토라고 생각했다.

그리고 내가 러시아 군대의 대열 중간쯤의 지점으로 갔을 때, 이토는 그 앞에 열 지어 있던 영사단 앞으로 되돌아왔다. 그래서 나는 군대의 열 사이에서 안으로 들어가 손을 내밀고 맨 앞에서 행진하고 있는 이토라고 생각되는 사람을 향해 십 보 남짓의 거리에서 그의 오른쪽 상박부를 노리고 세 발 정도를 발사했다. 그런데 그 뒤쪽에도 또 사복을 입은 사람이 있었기 때문에, 그가 혹시 이토가 아닌가 생각하고 그 쪽을 향해 두 발을 더 발사했다. 그리고 나는 러시아 헌병에게 잡혔다.

재판장 피고는 군대 뒤쪽에 있었는데 어떻게 군대 앞쪽을 통과하는 이토 공을 저격했는가.

안중근 정렬하고 있는 병사와 병사 사이의 간격은 이삼 보쯤 떨어져 있었는데,

공판정에 출석한 안중근, 우덕순, 조도선, 유동하(앞줄 오른쪽부터)

나는 그 후열의 병사 뒤에서 병사와 병사 사이에 있다가 그가 내 앞을 두세 걸음 정도 지나갔다고 생각했을 때 발사했다.

재판장 어떤 자세로 발사했는가.

안중근 서서 한쪽 발을 조금 앞으로 내디뎠지만, 특별히 왼손으로 오른손을 받치거나 하지는 않고 발사했다.

재판장 이토 공이라는 것을 어떻게 알 수 있었는가.

안중근 얼굴을 본 적은 없지만 맨 앞에서 행진하고 있었고, 또 그 사람이 노인이었기 때문에 이토라고 생각했다.

재판장 피고는 앞서 검찰관에게는, 발사할 때 다소 앞으로 나아가고 있었기 때문에 발사가 끝났을 때는 군대의 앞 열보다 앞으로 나가 있었다고 진술했는데, 어떻게 된 것인가.

안중근 내가 앞으로 나간 것이 아니다. 총을 쏘자 좌우의 병사들이 내 뒤로 흩어졌기 때문에 마치 내가 앞으로 나간 것처럼 됐던 것이다.

재판장 피고는 최초 발사 후, 뒤따라 온 사복을 입은 일본인들을 향해 또다시 발

공판정을 가득 메운 방청인들

사했다고 말했는데, 몇 사람을 향해 발사한 것인가.

안중근 그 뒤에는 많은 사람들이 따라오고 있었는데, 나는 최초의 발사 후 방향
을 바꾸어 그 중 맨 앞에서 걸어오던 자들을 겨누어 발사했다.

재판장 피고는 그때 모두 몇 발 정도를 발사했는가.

안중근 확실히는 모르지만 대여섯 발쯤 발사했다고 생각한다.

재판장 그때 저지당하지 않았다면 남아 있는 것도 마저 발사할 생각이었는가.

안중근 명중했는지 아닌지 생각하고 있던 순간에 잡혔기 때문에 남은 것은 발
사하지 않았다.

재판장 피고가 발사한 곳 부근에 일본인 단체가 있었는가.

안중근 그런 것은 알아차리지 못했다.

재판장 발사한 뒤 피고는 어떻게 포박 당했는가. 그 당시의 상황을 말해 보라.

안중근 내가 발사하자 곧 러시아 헌병들이 나를 잡으려 덮쳤고, 그와 동시에 나
는 그곳에서 나뒹굴었으며, 그때 가지고 있던 총을 던져 버렸다. 나는 이제
어쩔 수 없다고 생각하고, 러시아에서 일반적으로 사용하는 말로 '코레아 우

라'라고 만세를 삼창했다. 그리고 헌병들이 내 몸을 수색했다.

재판장 그때 피고는 권총 외의 흉기는 소지하지 않았는가.

안중근 작은 칼을 가지고 있었다.

재판장 피고는 권총을 빼앗겨서 그 작은 칼로 저항하지는 않았는가.

안중근 아주 작은 것이었기 때문에 그것을 가지고 저항하는 따위의 일은 하지 않았다.

재판장 피고는 이번에 이토 공을 살해하고 그 자리에서 자살이라도 할 생각이 었는가.

안중근 나의 목적은 한국의 독립과 동양 평화를 유지하는 것이고, 이토를 살해하기에 이른 것도 개인적 원한 때문이 아니라 동양의 평화를 위한 것으로, 아직 목적을 달성했다고 할 수 없기에 이토를 죽여도 자살할 생각은 없었다.

재판장 피고가 발사한 총알이 효력이 있었다고 생각했는가.

안중근 나는 효력이 있는지 몰랐고, 또 그 당시 이토가 사망했는지 여부도 알지 못했다.

재판장 피고는 러시아 관헌에게 체포되어 신문을 받을 때, 휴식 중 통역관에게서 이토 공이 사망했다는 소식을 듣고 성상을 향해 신에게 감사했다고 하는데, 사실인가.

안중근 나는 이토가 절명했는지에 대해 들은 일이 없다.

재판장 피고의 진술과 같이 정말 원대한 목적을 가지고 있었다고 한다면, 결행한 후 체포당하지 않도록 도주를 꾀했을 것이라 생각되는데, 피고는 도주할 작정이었는가.

안중근 나는 예상했던 목적을 달성할 기회를 얻기 위해 거사한 것으로, 결코 도주할 생각 따위는 없었다.

재판장 권총은 자루 같은 데 넣어 소지하고 있었는가.

안중근 아무데도 넣지 않고 그대로 가지고 있었다.

재판장 이토 공은 부상 후 30분 남짓 지나서 절명했는데, 피고는 그의 수행원이

관동도독부 고등법원 공판정

었던 가와카미 총영사와 모리 궁내대신 비서관 그리고 다나카 남만주철도주
식회사 이사에게까지 부상을 입혔다. 공작 외 사람들에게 부상을 입힌 것에
대해서는 어떻게 생각하는가.

안중근 이토 외에 죄가 없는 사람에게 부상을 입힌 것은 비통한 일이라고 생각
한다.

안중근 씨 공판서

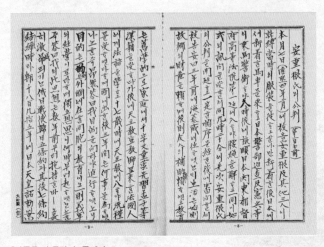

『안중근 씨 공판서』 중에서

    1994년 8월 부산 부민1동 동회사무장 박철수 씨가 발견한 『안중근 씨 공판서 (安重根氏公判書)』를 부산 향토사 연구모임인 토향회가 간행했다. 안중근 공판 기록은 1910년 3월 28일 만주일일신문사에서 일본어로 발행한 단행본 『안중근 공판속기록』이 대표적이다. 국내 기관이나 학자들은 안중근 의사를 연구할 때 이 속기록을 기본 사료로 사용해 왔다.

    『안중근 씨 공판서』가 발견되기 전까지는, 뤼순의 관동도독부 법원에 참석한 한국인이 총 네 명이라는 것이 정설에 가까운 역사적 주장이었다. 하지만 이 새로운 기록은 공판에 참석한 한국인이 네 명이 아니라 다섯 명이라 밝히고 있다.

변호사 안병찬, 안중근의 동생 정근, 공근, 사촌동생 명근 외에 이름을 밝히지 않은 '재뤼순 방청생'이 존재했다는 것이다.

이 공판서의 표지는 한지로 되어 있는데 앞면에는 '安重根氏公判書', 뒷면에는 '隆熙四年二月'이라 표기되어 있다. 내용이 기록되어 있는 종이는 양면괘지이고, 종이의 제조처는 '大村製(信)'라 표기되어 있다. 책의 판형은 가로 15센티미터, 세로 23센티미터이며, 면수는 표시하지 않았으나 표지를 합하여 36장이다.

안중근 의사의 공판은 6회에 걸쳐 진행되었는데, 『안중근 씨 공판서』의 저자는 중요하다고 생각되는 신문 기록만 발췌하여 서술했다. 그리고 안중근을 비롯해 우덕순, 조도선, 유동하에 대한 구형 내용과 판결 요지를 기록했다. 재뤼순 방청생은 신문 내용을 요약하고, 대한독립과 동양 평화의 꿈을 실현하기 위한 안중근의 방책을 명쾌하게 서술하고 있다. 현재 이 책의 원본은 부산시립박물관에 보존되어 있다.

사형 선고

　　1910년 2월 14일 마지막으로 진행된 여섯 번째 공판에서 마나베 재판장은 사형을 선고했다. 안중근은 "일본에 사형 이상의 형벌은 없는가?"라고 반문했다. 이렇게 의연한 태도는 다시 살아날 수 있는 길일지도 모를 상고를 하지 않겠다는 뜻이었다.

　　2월 19일 안중근이 공소권을 포기하자 일본 정부는 크게 놀랐다. 고등법원장 히라이시 우진도(또는 우지히토)가 직접 감옥으로 찾아와 상고를 권고했으나 그는 끝내 이를 거절했다. 이는 장부다운 기품이며 의병장다운 태도였다. 상고하지 않겠다는 결심은 모친의 뜻이기도 했다. 안중근의 모친은 사형이 구형되었다는 소식을 전해 듣자 두 동생을 급히 뤼순으로 보내면서 어미의 뜻을 전하라고 했다.

　　"옳은 일을 하고 받는 형이니 비겁하게 삶을 구하지 말고 대의에 죽는 것이 어미에 대한 효도다." 이를 전해들은 한국의 『대한매일신보』, 일본의 『아사히신문』은 「그 어머니에 그 아들」이라는 기사를 실었다.

　　상고를 포기하고 죽음을 기다리던 그는 천주교 신부를 만나게 해달

外交要報宣戰

判決

韓國咸鏡南道洪原郡景雲面洗灌學　　曹道先　三十八年

韓國京城東署東大門內養士洞煙草商　　馬德淳　三十四年

尙南連俊淳　　三十二年

安應七事　安重根

主文

被告安重根ヲ死刑ニ處ス

被告禹德淳ヲ懲役三年ニ處ス

被告曹道先及劉東夏ヲ各懲役一年六月ニ處ス

押收物中被告安ニ係ル拳銃一挺（符丸拾六個逸収シ其他一裝填シアル者ニ逸付ス

理由

被告安重根ハ明治四十二年十月二十六日午前九時過露國東清鐵道哈爾賓停車場内ニ於テ我カ樞密院議長公爵伊藤博文大並ニ其ノ随行員ヲ狙撃シ以テ殺害セント企テ兇行ニ及ヒ其所有ニ係ル拳銃（符丸拾個）ヲ以テ之ヲ同氏ニ射シ其三彈公爵ニ中リテ之ヲ死ニ致シ又随行員ノ哈爾賓総領事川上俊彦宮内大臣秘書官森泰二郎南満洲鐵道株式會社理事田中清次郎ニ各一彈命中シ其孰レモ胸部ニ銃創ヲ蒙リシモ孰レモ三名ニ對シテハ殺害ノ目的ヲ遂ケサルニ至リ被告禹德淳ハ被告安重根カ前項伊藤公爵ヲ殺害セントスル目的ヲ以テ明治四十二年十月二十一日決シ其犯行ヲ幇助スルノ意思ヲ以テ拳銃（符丸七個）ヲ携帶シ被告安重根ト共ニ前示明治四十二年十月二十一日決所有ニ係ル拳銃一挺（符丸七個）ヲ兇器供用ノ目的ニテ携帶被

마지막 면회

라는 요청을 했다. 죽음에 이르러 이 세상의 모든 것을 청산하는 고해성사와 종부성사를 드리는 것은 천주교 신자의 의무이기 때문에 그 의무를 다해 신앙인답게 인생을 끝마치기를 원했던 것이다. 그는 이 모든 것을 마치고 다가올 죽음을 기다렸다.

이토 공작 살해범 재판 참관기

『더 그래픽(The Graphic)』1910년 4월 16일자

일본인들은 이토 히로부미 공작의 살해범을 법정에 세우는 일이 세계의 이목을 끈다는 사실을 잘 알고 있었다. 이 재판은 단순히 '유명한 재판 사건' 이상이었다. 암살 사건에 연루된 범죄자들의 죄를 묻는 이 재판은, 일본의 현대 문명이 얼마나 발전했는지를 가늠하는 하나의 시험대이기도 했기 때문이다.

피고인 안중근의 지인들은 상하이에 있는 영국인 변호사 더글러스 씨를 선임하여 피고인을 변호하게 했는데, 이 변호사는 그 유명한 영국 해군제독 아치볼드 더글러스 경의 아들이기도 했다. 피고인은 통역을 통해 더글러스 변호사에게 처음으로 이렇게 말했다고 한다. "동지들에게 감사 인사와 안부를 전해 주시오. 지금까지 나는 동지들이 나를 잊어버렸다고 생각했다오." 피고인은 모두가 자신을 잊어 그들의 망각 속에 가라앉게 되는 것을 두려워했다. 무대 위에 올라 반짝 세계적 명사가 되었다가 사라지는 모든 폭력적 혁명가들과 정치적 암살범들이 그렇듯 말이다.

재판은 2월 7일 오전 9시가 지나서야 시작되었다. 극동의 한 도시 포트 아서(Port Arthur, 뤼순의 영어식 별칭)의 법정 앞은 이른 아침부터 사람들로 붐볐다. 일본은 사건의 극적 효과를 높이기 위해 의도적으로 신중하게 이 도시를 선택했다. 법원 건물은 요새로 된 작은 도시의 황량하기 그지없는 언덕배기에 자리잡고 있었다. 규모로 보나 분위기로 보나 별 특색이 없는 건물이었다. 건물 안에 마련된 법정에는 판사, 검사, 통역을 담당한 사람들이 그들의 등을 벽 쪽으로 향한 채 긴 테이블에 함께 앉았으며, 그들 앞에 죄수들이 서서 그들의 질문에 직접 대답하도록 되어 있었다. 그 앞에는 변호인들을 위한 좌석이 놓여 있

A JAPANESE "CAUSE CÉLÈBRE"
THE TRIAL OF PRINCE ITO'S MURDERER. By Charles Morrimer.

"AN," THE MURDERER

"RYU," AN ACCOMPLICE

The Japanese, when they tried Prince Ito's murderer, stood in a blaze of light—all eyes fixed on them. They knew it perfectly well. The case proved even more than a *cause célèbre*: it proved a test case—and Japan's modern civilisation was as much on trial as any of its prisoners.

Small wonder, then, that the Japanese authorities took the greatest pains with every detail. The Public Prosecutor and his staff spent three months collecting evidence, examining witnesses, checking and re-checking motives. There was a searching preliminary examination conducted soon after the tragedy—and conducted with such calmness and impartiality as to show how strong Japanese official self-control must be to resist the greatest stress of natural excitement. The prisoner had every possible advantage which the law allowed; he was warmly housed, decently fed, humanely treated, in spite of certain scurrilous newspaper hints as to the application of tenants and thumbscrews. His friends sent him an English lawyer from Shanghai—Mr. J. C. E. Douglas, the brilliant son of Admiral Sir Archibald Douglas—and the prisoner was permitted to speak with his foreign counsel through an interpreter. "Give my friends my deepest salutations and thanks. Until now I thought they had forgotten me," was his first remark. Like all anarchists and political assassins, who rise for a few minutes to a world-wide celebrity, his greatest dread was to sink into obscurity—to slip out of the people's mind.

An's trial did not begin till nine o'clock in the morning of February 7, and it took place in the one town of the Far East which the Japanese must have chosen had they deliberately wished to heighten the dramatic effects of the case—Port Arthur. In a building neither large nor small, neither imposing nor yet insignificant, situated on the bleakest side of the bleakest hill in that famous fortress town, the Court assembled. Judge, Public Prosecutor, and interpreters sat together at one long table, their backs to the wall, two attendants on either side of them, the bar before which the prisoners stood to answer questions directly in front, the seats for the lawyers beyond that and to the right, the stools for the soldier guards to the left, the prisoner's bench close beside them, and finally—on the other side of the barrier—the space reserved for the general public.

A Prussian Court must have served as model—not unnaturally, since it is from the German Criminal Code that the Japanese have copied their own. Nevertheless, certain little differences easily distinguished the copy from the original. The lawyers, for instance, wore gowns and head-pieces something like those of French advocates—and spoilt the effect of their costume by the common Japanese trick of shedding their shoes in the Robing-Room and appearing in felt slippers. No man in the world, not the most eminent or the most eloquent, appears impressive when he shuffles to a seat; it is difficult for him even to keep his dignity when he further complicates the position by carrying his papers in a blue cotton handkerchief. Still, on the whole, these lapses are insignificant, and they did not seriously disturb the formality of an assembly whose very stenographers and interpreters were in uniform.

An, the assassin, and his three accomplices were conveyed from prison to court in a dingy, springless old "Black Maria." They entered

THE JAPANESE BLACK MARIA waiting outside the Court at Port Arthur for the murderer of Prince Ito.

A SCENE AT THE TRIAL; The crowd waiting to see the accused brought in. The empty bench is for the prisoners.

the court-room and took their places on the prisoners' bench in an absolute silence; the placid Oriental public was much too well-behaved to express either approbation or disapprobation. Had they attempted to do so, they would have been promptly corrected by a special officer in uniform. This official was instructed to let nothing pass which might mar the propriety of an historical episode, and he meant to carry out his instructions to the letter—so rigidly, in fact, that when one non-Japanese gentleman so far forgot himself as to cross his legs he was immediately gravely reprimanded and told to restore the unruly member to the floor.

The Public Prosecutor officially opened the case with a summary of the tragedy, preferring the charge of murder in the first degree against An, and attempt at murder against two of his companions, U and So, who tried to kill Prince Ito at Taichiakao Station, but were frustrated by the Russian railway-guards—and of complicity in the crime against Ryu, who conducted secret correspondence for the others. As he told his story, weaving the net of evidence round one or the other of them, these four sat utterly stolid. An, especially, looked almost bored—while the people stared at him. "Let me speak, let me explain," was his constant demand; "I have many things to say." They did let him speak when the right time came, and he straightway began a patriotic harangue. Unconscious of surroundings, careless of the effect his words might produce upon his audience, he told how Korea had been oppressed, and Prince Ito who was the man who had oppressed her. "Unless we put an end to Prince Ito's career, our country will be ruined for ever," seemed to be the opinion of all the Koreans he met—even the farmers and simple village folk. Curiously enough none of these grumblers blamed the Japanese, none raged against their occupation of the land. It was all Ito—Ito's intrigues, Ito's schemes, Ito's ambitions. Who stirred up discord, and was the cause of the rising against the Japanese? Ito. Who intercepted memorials from the Koreans to the Emperor of Japan? Ito again. It one listened to An, Ito was an unscrupulous tyrant destroying the liberties of Korea.

Here the Judge did an unusual thing—almost an unprecedented thing—showing how tenderly reverent the Japanese feel towards their heroes. The memory of the murdered statesman is very dear to them, and it may not be smirched. "If you go on further in this way," said he severely, "we shall have to dismiss the audience." But An ignored the warning deliberately, or through stress of excitement, and his words poured out now like a stream. What else could the Judge do, then, but carry out his threat. He gave the sign. The obedient audience slipped out quietly as it was told, and An was left pouring out the torrent of his forbidden eloquence to the bare walls and the unsympathetic ears of

the lawyers, the interpreters, and the other prisoners. Next day the spectators were all allowed to come back again and hear the Public Prosecutor sum up the case. As far as possible, the Authorities desired to have everything open and above board—no closed doors unless absolute necessity demanded it.

The evidence showed that the assassination of Prince Ito was not the deep-laid plot we thought at first, for searching investigation failed to uncover the hornet's nest of plotters in Korea undermining Japan's schemes. Every Korean may be a discontent at heart; it is certain there is not an organised discontent. The nature of the murderer and of the circumstances make it practically certain that he was not instigated to the crime by anyone, and if he told anyone about his plot, it was only one of his fellow-prisoners, a man called U. The other two, So and Ryu, only had vague hints of what was going on. So had to be admitted into the conspiracy, if conspiracy it may rightly be called, because he spoke Russian. But An never entirely trusted him, and he gave as his ingenuous reason for his doubt that So had "lived in Russian territory for thirteen years." So was therefore plainly a tool—a tool without character. As for Ryu, he was a mere boy, young and uneducated, only fit to post-letters, and rather bungling about this small share in the plot. An was the one strong man, and the only place he showed weakness—it was not of character but of judgment—was in trusting U, who incriminated his comrades in the end because he was nothing but a poor indecisive fellow who could not even stick to one employment, but was a locksmith one day, a bill-collector another, and a peddler of cigarettes the third.

The result of the trial was, of course, a foregone conclusion. There was no way of proving An innocent; all that could be hoped by the defence was a mitigation of sentence. There was but one argument, even for this, and that was mistaken motives. "Pity these men who have been born in a country inflamed by mistaken ideas, barren of education," said Mr. Mizuno in his eloquent speech; "or if you can neither pity nor forgive, then remember that to exact their lives will not be to carry out the object of Japanese criminal law—namely, to deter others from the commission of crime."

On Monday, February 14, the prisoners took their last long journey in the "Black Maria" to the Court, and were brought in to hear their sentences. An got the death penalty, as was expected, in spite of the quaint plea put in by one of the lawyers that a sentence like this would be displeasing to the murdered Prince. U got three years' imprisonment with hard labour, So and Ryu eighteen months each.

The way each man received the verdict was characteristic. Poor Ryu whined plaintively. So appeared little better. U got back the remnants of his self-control at the last, and blamed nobody, while An openly professed his delight. His only fear through all the speeches for the defence was that the Court might be induced to let him go free. He was ready for martyrdom, ready, nay, eager, to "give up the dear habit of living." He had the hero's crown almost within his grasp, and he felt the Court proudly. Has this *cause célèbre*, so superbly conducted, so wisely judged, ended as a score for the murderer and his misguided fellow-patriots after all?

"SO," AN ACCOMPLICE

"U," AN ACCOMPLICE

이 기사의 작성자는 찰스 모리머 기자다

78

었다. 오른쪽에는 경비를 맡은 헌병들이 등받이가 없는 의자에 앉아 있었고, 이들 바로 왼쪽에 죄수들이 앉을 벤치가 있었다. 그리고 칸막이 뒤에 방청석이 마련되어 있었다.

안중근과 세 사람의 공범은 낡고 더럽고 딱딱한 죄수 호송마차에 실려 법정 앞에 도착했다. 법정 안에는 무거운 정적이 흘렀다. 온순한 동양인 방청객들은 너무 얌전한 나머지 이 사건에 대해 가타부타 말이 없었다. 사사로운 의견 같은 것은 절대 표현하지 않기로 마음먹은 것 같았다. 그도 그럴 것이, 누군가 그런 시도를 했다면 제복을 입은 헌병에게 즉시 제재를 받았을 것이다. 이 역사적인 재판의 권위와 공정성을 훼손하는 어떤 행위도 용납해서는 안 된다는 엄격한 지시가 법정의 헌병들에게 내려져 있었던 것이다. 방청객들 가운데 혹시라도 일본인이 아닌 외국인이 앉아 있다가 무심코 다리를 꼬기라도 한다면, 그는 즉시 엄중한 질책을 받고 방청석 밖으로 끌려 나갈 판이었다.

드디어 재판이 시작되었다. 사건 담당 검사는 먼저 비극의 개요를 설명했다. 그는 안중근에게 1급 살인 혐의를, 그리고 공범으로 체포된 우 씨(우덕순)와 조 씨(조도선)에게 살인미수 혐의를 적용했다. 다른 공범 유 씨(유동하)는 이들과 은밀하게 접촉하고 서신을 전달한 혐의로 기소되었다. 검사가 그간 준비된 빈틈없는 증거의 그물로 이들의 범죄 행위를 엮어 가는 동안, 피고인 네 명은 동요하는 빛 없이 조용히 앉아 있었다. 안중근은 좀 지루하다는 표정이었다.

검사의 사건 설명이 끝나고 안중근에게 말할 기회가 주어지자, 그에게서 즉시 애국적 열변이 터져 나왔다. 그는 법정의 분위기나 상황은 물론이고, 그와 같은 발언이 청중에게 어떤 효과를 줄지 전혀 의식하지 않았다. 그저 일본이 그동안 한국을 억압했고, 그 억압의 주범이 바로 이토 공작이라고 열변을 토할 뿐이었다. "이토 공작이 있는 한 나의 조국은 영구히 멸망할 것이오. 이것은 나의 의견일 뿐 아니라 내가 만나 본 한국인 모두의 의견이며, 심지어 한국의 농부와 시골에 사는 사람들도 같은 생각이오."

그런데 이때 판사가 이런 종류의 재판에서 선례가 없는 아주 이상한 행동을

안중근이 공판을 받았던 관동도독부 고등법원

했다. 그 행동은 평범한 일본인들이 이 범죄자에게 대단한 존경심을 느끼고 있다는 점을 역으로 보여 주는 장면이기도 했다. "당신이 이런 발언을 계속한다면 … 우리는 이 법정에서 방청인들을 모두 퇴장시킬 수밖에 없소." 판사는 안중근에게 엄숙하게 경고했다. 그러나 안중근의 말은 흐르는 강물처럼 막힘없이 흘러나왔다. 하는 수 없이 판사는 법정 경비 헌병들에게 방청인 모두를 퇴장시키라고 명했다. 방청인들은 명령대로 조용하게 법정에서 빠져나갔다. 그러나 안중근은 텅 빈 법정의 벽에 대고 아무런 감정을 보이지 않는 법관들과 통역들, 함께 기소된 공범들을 향해 금지된 연설을 폭포처럼 쏟아냈다. 다음날, 방청인들의 입장이 다시 허용되었다. 이 자리에서 검사는 사건의 전모를 요약했다. 일본 정부 당국은 암살 사건의 전모를 부득이한 경우를 제외하고는 만천하에 공개하기를 원하고 있었다.

드러난 증거를 보면, 사람들이 생각했던 것처럼 이토 공작 암살 사건의 배후에 엄청난 규모의 음모가 있었던 것은 분명 아니었다. 이 재판의 결말은 이미 정해져 있었다. 안중근의 무죄를 증명하기란 처음부터 불가능한 일이었다. 변호인 측에서 바랄 수 있는 것은 형량을 줄이는 일뿐이었다. 일본인 변호사 미즈노는 다음과 같은 변론을 전개했다. "재판장님, 교육도 받지 못했고 잘못된 사상으로 불타고 있는 나라에서 태어난 이 사람들에게 동정심을 보여 주시기 바랍니다. 동정도, 용서도 할 수 없다면 이 사람들의 생명을 빼앗는 것이 결코 대일본제국의 형법 정신을 실현시키는 일이 아니라는 사실을 상기해 주시기 바랍니다."

2월 14일 월요일, 마침내 죄수들은 선고를 받기 위해 마지막으로 법정에 도착했다. 예상대로 안중근에게는 사형이 언도되었다. 우 씨는 3년 징역에 중노동이, 조 씨와 유 씨에게는 각각 1년 6개월의 징역형이 선고되었다. 형을 선고받은 피고인들의 반응은 제각각이었다. 나이 어린 유 씨는 가련하게 울먹였다. 조 씨는 좀 나았다. 우 씨는 잃었던 침착성을 되찾은 듯 아무도 원망하지 않았다. 안중근은 달랐다. 기뻐하는 모습이 역력했다. 그는 이미 순교자가 될 준비가 되어 있었다. 준비 정도가 아니라 기꺼이, 아니 열렬히, 자신의 귀중한 삶을 포기하고 싶어 했다. 그는 마침내 영웅의 왕관을 손에 들고는 늠름하게 법정을 떠났다. 일본 정부가 그처럼 공들여 완벽하게 진행한, 세상을 떠들썩하게 만든 '유명한 재판 사건'은 결국 암살자 안중근과 그를 따라 범행에 가담한 범인들의 승리로 끝난 것이 아닐까.

- 번역 이창국(중앙대 명예교수)

평화주의자 안중근

안중근은 감옥에서 순국 직전까지 「동양평화론」을 집필했다. 이를 통해 일본의 대륙 침략을 규탄하고, 이러한 침략 정책은 결국 일본의 패망을 초래할 것이라고 예언했다. 그는 시대를 통찰하며 태평양 전쟁과 일본의 항복 그리고 한국의 독립을 내다보았던 것이다. 이 통찰은 오늘날의 한일 관계와 동북아시아 상황에도 큰 의미를 갖는다고 할 수 있다.

여기서 우리는 안중근의 선구자적 통찰력과 평화주의 사상을 만나게 된다. 그가 말한 평화와 번영은 여전히 우리가 가야 할 길이다. 현대사의 굴곡을 겪으며 아직 완전하게 화해하지 못한 동북아시아 국가들에 진정한 평화가 도래했다고 할 수 있을까? 항구적인 평화와 번영은 함께 이룩하는 것이다. 백여 년 전, 안중근은 이 사실을 이미 알고 있었다. 그는 뤼순 감옥에 홀로 앉아 '동양 평화 회의'를 조직하는 방안을 생각했다. 한국과 중국, 일본 세 나라가 협력하여 경제적으로나 군사적으로 긴밀한 관계를 유지하는 체제를 구상한 것인데, 이것은 오늘날 지역

협력 체제를 고민하는 사람들에게 큰 교훈을 주고 있다.

동양 평화 회의는 항상 이해관계가 상충하기 쉬운 동양의 세 나라가 뤼순과 같은 분쟁 지역에 유럽 공동체와 같은 상설 기구를 만드는 것이다. 그는 이 기구를 통해 세 나라가 서로 협력함으로써 동북아시아의 발전은 물론 세계 평화에도 기여할 것이라 확신했다.

안중근 의사는 동양 평화의 수호자로서 그 역할을 충실히 수행하길 바랐으나, 그 뜻을 펴지 못하고 이역만리 중국 땅에서 서른한 살의 젊은 나이로 순국했다. 그의 철학과 사상은 오늘날 후손들에게 커다란 역사적 울림이 되고 있다.

영웅의 순국

1910년 3월 26일 오전 10시, 아침부터 짙은 안개 속에 부슬비가 내리고 있었다. 안중근은 간수 네 명의 호송을 받으며 형장에 도착했다. 그는 고향에서 보내 온 흰 명주옷을 입고 있었다. 형이 집행되기 전, 사람들은 잠시 동안 조용히 무릎을 꿇고 기도하는 그의 모습을 볼 수 있었다. 이윽고 구리하라 사다키치 전옥이 사형 집행문을 낭독하고 최후의 유언을 물었다. 그는 달리 남길 유언은 없다고 하면서도, "내가 이토 히로부미를 사살한 것은 동양 평화를 위해 한 것이므로 한국과 일본 양국 사람들이 서로 일치협력해서 동양 평화의 유지를 도모하기 바란다"며 죽는 순간까지 평화의 메시지를 전했다. 그리고 "나와 함께 '동양 평화 만세'를 부르자"라고 제의하기도 했으나 사형 집행자들이 그를 저지했다. 이어 교수형이 집행되었다. 그리고 12분이 지났다. 오전 10시 15분, 검시 의사가 운명을 확인했다.

당시 뤼순 감옥에서는 교수형에 처해진 죄수들의 시신을 바구니에 담아 매장하는 것이 관례였다. 그러나 안중근의 유해는 새로 만든 침

순국을 애도하는 해외동포 언론 기사, 『신한민보』 1910년 3월 30일자

관에 입관되었다. 매우 이례적인 일이었다. 두 동생이 탄원하며 절규
했지만, 안타깝게도 유해는 유족에게 인도되지 않고 수인 묘지에 서둘
러 매장되었다. 그의 유언대로 하얼빈 공원 곁에 묻을 수 없게 된 것이
다. 일본 정부는 유해를 의도적으로 숨겼는데, 그것은 안중근의 유해가
묻힌 곳이 독립운동의 성지가 될까 두려워했기 때문이다. 안중근 의사
의 유해는 아직까지도 정확히 어디에 묻혔는지 알 수 없으며, 2008년
의 유해 발굴 시도는 안타깝게도 성과 없이 끝났다. 그는 여전히 고국
으로 돌아오지 못하고 있다.

안중근 의사의 최후

『만주일일신문』1910년 3월 27일자

부슬비가 내리는 1910년 3월 26일 오전 10시, 뤼순 감옥에서 안중근의 사형이 집행되었다. 안중근은 전날 밤 고향에서 보내온 옷을 입고 예정된 시간보다 일찍 간수 네 명의 경호를 받으며 형장으로 불려나와 교수대 옆에 있는 대기실로 갔다. 당일 입은 옷은 상의와 하의 모두 한국에서 만든 명주옷이었다. 저고리는 흰색이고 바지는 검은색이었는데, 그렇게 분명한 흑백의 대비는 아무래도 몇 분 후면 밝은 데서 어두운 곳으로 갈 수밖에 없는 수인의 운명과 같아 보였다. 그리하여 지켜보는 이들의 심금을 잔잔하게 울렸다.

집행이 선포되고 미조부치 검찰관, 구리하라 전옥, 소노키 통역, 기시다 서기가 교수대 앞에 있는 검시실에 착석하자 드디어 안중근이 대기실에서 끌려 나왔다. 구리하라 전옥은 그에게 "금년 2월 16일 뤼순 지방법원의 언도와 확정 명령에 따라 사형을 집행하겠다"라는 뜻을 전했다.

소노키의 통역이 끝나자 안중근은 아무 말 없이 고개를 끄덕였으나 구리하라 전옥은 다시 한번 그에게 "무언가 남길 말이 없는가"라고 물었다. 그는 "아무것도 남길 유언은 없으나 다만 이토 히로부미 사살은 동양의 평화를 위해 한 것이므로 한일 양국 사람들이 서로 일치협력해서 동양의 평화를 유지해 나가길 바란다"라고 말했다. 그러자 간수가 반 장짜리 종이 두 장을 접어 그의 눈을 가리고 그 위에 흰 천을 씌웠다. 안중근의 최후가 점점 가까워졌다.

구리하라 전옥은 재판이 시작될 때부터 그때까지 안중근을 정중하고 친절하게 대했는데, 최후의 순간에도 그러한 태도는 변하지 않았다. 전옥은 그가 마음껏 기도를 하도록 허락했다. 그는 잠시 동안 묵도를 했고, 기도가 끝나자 간수

●三月二十八日 (월요일)
●안즁근의 ᄉᆞ형집행은

거이십륙일상오십시십오분에ᄒᆞ엿ᄂᆞ
딘안즁근은감슈의인도로형쟝(刑場)
에드러가본국에셔새로지어잔회면쥬
무루막이와검은양목바지둘닙고우리
나라신울신고죵용히집행ᄒᆞ기둘기드
리ᄂᆞᄃᆡ검찰관과면옥파동역이형쟝에
와셔면옥이ᄉᆞ형집형문을넑우후에유
언이잇고업ᄂᆞᆫ걸을무른쥬 (나ᅳᄀᆞ이
에니몸이본시동양평화를위홈인쥬다
시후홀바ᅳᆸᄉᆞ나다만여긔모혀선일
본과헌은이후한일쳐션과동양평화
진력ᄒᆞ기를ᄇᆞ라노라) 호후산분긴이
나귀도둘을고쥬시즁즁히형듸(刑謄)
에울나동양평화만세를부르고엄연히
집형율당ᄒᆞ니곳엘시ᄉᆞ분이라십일분
율지낸후졀명되엿ᄂᆞᄃᆡ의ᄉᆞ가시ᄒᆡ둠
검ᄉᆞ호후관에니크우덕슌、죠도션、류
동하외게쟉별케ᄒᆞ니삼인이다챠연히
졀을ᄒᆞ여죠샹ᄒᆞᄂᆞᆫ뜻율표ᄒᆞᆫ죵우덕
슌은슬픔빗이기지못ᄒᆞ여고오후횬시
에감옥묘디에ᄒᆞ닐ᄒᆞ쥬지아니홈으
로동곡홈을이긔지못ᄒᆞᆫ다가오후오시
에ᄶᅥ나귀국ᄒᆞ엿다더라

● 安重根の最後
兇行後一百五十二日

사형 집행에 관한 기사들

여러 명에 둘러싸여 교수대로 향했다.

교수대의 구조는 마치 이층집과 같아, 작은 계단 일곱 개를 올라가면 화로방과 같은 공간이 나왔다. 안중근은 조용히 걸어서 한 계단 한 계단 죽음의 길로 다가갔다. 그때 그의 얼굴색과 분위기는 흰옷과 어우러져 더욱 창백해 보였다. 드디어 그가 교수대 위에 책상다리를 하고 앉자 옥리 한 명이 그의 목에 밧줄을 감았다. 옥리가 교수대 한쪽을 밟으니 바닥이 '쾅당' 소리를 내며 떨어졌다. 10시 15분, 안중근은 절명했다. 그때까지 걸린 시간은 불과 11분이었다.

일본 정부는 수인들의 유해를 보통 둥근 통 모양의 나무관에 구부정하게 세운 자세로 안치한 후 봉분 없이 매장했으며, 관 하나에 유해 두 구를 넣기도 했다. 그러나 안중근의 경우는 달랐다. 특별히 송판으로 만든 새 침관에 그의 유해을 넣었으며, 관 윗부분에 흰 천을 씌워 매우 정중하게 다루었다. 관 양쪽에는 그가 형장에 들어올 때 품고 있던 예수상이 걸려 있었다. 곧이어 옥리들이 관을 교회실로 옮겼다.

안중근의 공범자 조도선, 우덕순, 유동하는 교회실에서 그의 유해를 향해 마지막 작별인사를 할 수 있었다. 세 사람 모두 조선식으로 두 번 절을 하며 그를 조문했다. 우덕순은 이렇게 고별을 하게 돼 그도 만족할 것이라며 당국의 배려에 감사했다.

보슬비 내리는 오후, 안중근의 유해가 공동묘지에 묻혔다. 그의 죽음을 접한 두 동생은 "아이고"라고 외치며 통곡했다. 동생들은 시신을 돌려달라고 했으나 거절당하자 서둘러 떠날 채비를 했다. 그들은 3월 26일 오후 5시 뤼순발 열차로 안동현을 거쳐 귀국길에 올랐다.

동포에게 고함

안중근은 사형 집행 전날 국내외 동포들에게 다음과 같은 글을 보냈다. 이천만 동포에게 남긴 이 유언은 순국 전날인 1910년 3월 25일에 『대한매일신보』에 보도되었다.

"내가 한국 독립을 회복하고 동양 평화를 유지하기 위해 삼 년 동안 해외에서 풍찬노숙하다 마침내 그 목적에 도달하지 못하고 이곳에서 죽노니, 우리 이천만 형제자매는 각각 스스로 분발하여 학문에 힘쓰고 실업을 진흥시키길 간절히 바란다. 그리하여 나의 뜻을 이어 자유 독립을 회복한다면, 죽는 자 여한이 없겠노라."

최후의 유언

"내가 죽은 뒤에 나의 뼈를 하얼빈 공원 곁에 묻어 두었다가 우리 국권이 회복되거든 고국으로 반장해다오. 나는 천국에 가서도 반드시 우리나라의 국권회복을 위해 힘쓸 것이다. 너희는 돌아가서 동포들에게 모두 각각 나라의 책임을 지고 국민 된 의무를 다하며, 마음을 같이 하고 힘을 합하여 공로를 세우고 업을 이루도록 일러라. 대한독립의 소리가 천국에 들려오면 나는 마땅히 춤추며 만세를 부를 것이다."

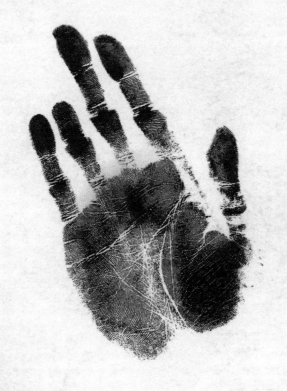

제2장

도큐멘트로 읽는 안중근

| 안응칠 역사 |

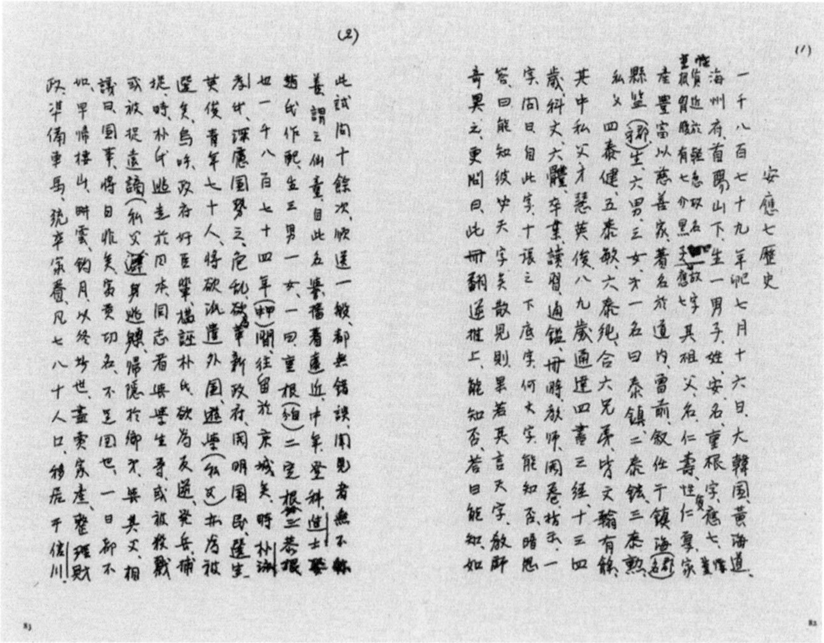

「안응칠 역사」(등사본 부분)

안중근은 1909년, 한국 침략의 원흉이자 동양 평화의 교란자 이토 히로부미를 응징하는 의거를 단행했다. 「안응칠 역사」는 그가 체포되어 순국하기 전까지 옥중에서 집필한 자서전이다. 안중근은 1909년 12월 13일부터 집필을 시작했고, 이듬해 1910년 3월 15일에 탈고를 마쳤다. 93일 동안의 기록을 통해 자신이 살아온 길을 남긴 것이다. 이렇게 탄생한 「안응칠 역사」는 안중근의 살아 있는 역사를 그려내고 있다.

안타깝게도 오늘날까지도 친필 원본은 발견되지 않고 있다. 일본 정부가 그것을 과거 조선 지배정책 연구를 위한 비공개 사료로 사용하면서 공개하지 않고 있기 때문이다. 다행히 등사본과 번역본이 전해지고 있는데, 사본들은 안중근이 순국한 지 60년이 지난 후에야 세상에 알려졌다.

자서전은 한문으로 쓰였는데, 최초로 발견된 등사본은 일본어 번역본이었다. 이것은 1969년 도쿄의 간다 고서점에서 도쿄 국제한국연구원 최서면 원장이 안중근의 재판기록과 함께 발견한 것이다. 1978년에는 한문 등사본이 알려졌는데, 나가사키에서 고미술상을 경영하던 와타나베 쇼시로에 의해 공개된 것이라 이를 나가사키본이라 부르기도 한다. 1979년에는 일본 국회도서관 헌정자료실에 보관 중인 「시치조 기요미 문서(七條清美文書)」에서 「동양평화론」과 자서전의 등사합본이 발견되었다. 이때 발견된 등사본은 시치조본이라 불린다.

한편 국내에서는 1970년 (새)안중근의사숭모회에서 자서전의 한국어 번역본 『안중근 의사 자서전』을 간행하였다. 1969년 발견된 일본어 등사본을 저본으로 한 이 책은, 1979년 나가사키본을 저본으로 하여 한 번 더 간행되었다. 두 번째 한국어 번역본에는 나가사키본에서 '이하

생략'된 부분이 빠져 있었는데, 다행히 시치조본을 통해 그 부분의 기록을 확인할 수 있었다. 이러한 보완 작업을 거쳐 1990년 안중근의사기념관에서 『안중근 의사 자서전』을 다시 한번 간행하였다.

「안응칠 역사」의 내용은 문자 그대로 안응칠, 즉 안중근이라는 한 인물이 살아온 이야기를 담고 있다. 탄생부터 순국 전까지의 삶의 여정, 민족과 국가를 위한 투쟁의 과정 등이 과장이나 편견 없이 담담하게 기술되어 있다.

안중근은 31년의 짧은 생을 겨레와 나라를 위하여 살다 갔다. 그의 생생한 삶의 기록은 한국 독립운동, 나아가 한국 근대사를 연구하는 데 없어서는 안 될 귀중한 자료이다.

「안응칠 역사」에 나타난 주요 사건

1879년 탄생 → 1884년 청계동 이사 → 1894년 동학군 진압, 결혼 → 1897년 천주교에 귀의 → 1897~1904년 신앙 생활과 선교 활동 → 1905년 을사조약 늑결, 중국 상하이 이주 계획 → 1907년 정미7조약, 군대 해산, 망명 → 1908년 독립군 참모중장으로 국내 진공작전 → 1909년 동의단지동맹, 하얼빈 의거, 공판투쟁 → 1910년 「안응칠 역사」 탈고, 「동양평화론」 집필, 옥중 육필, 고백성사와 미사성제

| 동양평화론 |

서문

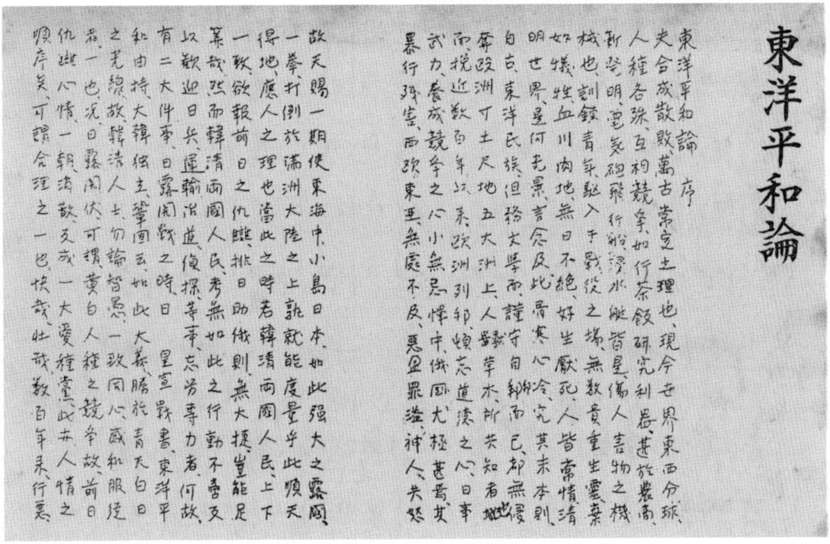

東洋平和論

東洋平和論 序

夫合成散敗萬古常定之理也、現今世界東西分球、人種各殊、互相競爭、如行茶飯、硏究利器、甚於農商、新發明電氣砲飛行船浸水艇、皆是傷人害物之機械也、訓鍊靑年、驅入于戰役之場、無數貴重生靈棄如犧牲、血川肉地、無日不絶、好生厭死、人皆常情、淸明世界、是何光景、言念及此、骨寒心冷、究其末本則、自古東洋民族、但務文學、而謹守自邦而已、都無侵奪歐洲寸土尺地、五大洲上、人獸草木、所共知者也、而挽近數百年以來、歐洲列邦、頓忘道德之心、日事武力、養成競爭之心、小無忌憚、中俄國尤極甚焉、其暴行殘害、西歐東亞、無處不及、惡盈罪溢、神人共怒、故天賜一期、使東海中小島日本、如此强大之露國、一拳打倒於滿洲大陸之上、孰就能度量乎、此順天得地應人之理也、當此之時、若韓淸兩國人民、上下一致、欲報前日之仇讎、排日助俄則、無大捷、豈能足算哉、然而韓淸兩國人民、考無如此之行動、不啻反以歡迎日兵、運輸治道偵探等事、忘勞專力者何故、有二大件事、日露開戰之時、日皇宣戰書、東洋平和維持、大韓獨立鞏固云、如此大義、勝於靑天白日之光線、故韓淸人士、勿論智愚、一致同心、感和服從者、一也、况日露開仗、可謂黃白人種之競爭、故前日仇讎心情、一朝消散、反成一大愛種黨、此亦人情之順序矣、可謂合理之一也、快哉壯哉、數百年來、行惡

「동양평화론」 서문 (등사본 부분)

「동양평화론」서문은 서구 열강이 19세기 제국주의 시대의 약육강식과 적자생존 논리를 앞세워 자국의 이익과 발전을 위해 약소국을 제물화하는 시대적 상황을 꿰뚫어 보고 있다. 안중근은 이 서문을 통해 인간 존중과 인류의 공동번영이라는 최고의 가치가 철저히 무시되는 현실, 패권을 장악하기 위해 전쟁과 무기 개발에 열광하는 야만적 현실을 비판하고 있다. 그는 서양 제국주의 국가들의 침략성과 폭력성을 규탄하면서 그 중에서도 러시아가 가장 문제적이라고 본다.

이 서문은 러일전쟁을 되돌아보며 동양 3국의 평화를 논하고 있다. 당시에는 일본만이 제국주의적 침략 의도를 지닌 러시아의 동양 진출을 물리칠 수 있는 능력을 갖추고 있었다. 그렇기 때문에 한국과 청나라 사람들이 러일전쟁에서 일본이 승리하게끔 도와주었던 것이다. "만일 당시 한국과 청 두 나라 사람 상하(上下) 모두 전날의 원수를 갚고자 일본을 배척하고 러시아를 도왔다면 일본이 어찌 대승을 거둘 것이라 예상이나 했겠는가." 안중근은 이렇게 물으며 일본의 승리는 한국과 청두 나라 사람들이 노고를 아끼지 않았기 때문이라는 점을 분명히 한다. 그러면서 이렇게 적극적으로 일본을 도운 이유 중 하나로 일황이 선전포고 조서에서 "동양 평화를 유지하고 대한 독립을 공고히 한다"라는 대의를 밝힌 것을 꼽는다.

그러나 일본은 러일전쟁에서 승리한 뒤 한국을 탄압하고 만주 지역의 창춘 등 남의 땅을 점거했다. 러시아보다 더 심한 만행을 저질렀던 것이다. 이 서문은 일본의 만행을 규탄하며, 용과 호랑이의 위세를 가지고 고양이나 뱀 따위의 행동을 하는 섬나라 일본의 행동에 일침을 가한다. 서세동점의 국제정세 속에서 동양 3국이 뭉쳐 대적해야 할 상황인데도 불구하고, 일본은 같은 황인종인 이웃 나라의 가죽과 살을 벗기고 베어 차지할 궁리만 하고 있는 것이다. 이러한 행동은 서양 세력이 어부지리로 이익을 취하게끔 만드는 것과 다름 없는 일이다. 「동양평화론」 서문은 이러한 상황의 위험성을 확고하게 설명하고 있다.

안중근은 이 글을 통해 일본이 한국과 청나라의 영토를 침범하고 지배하여 동양의 평화를 깨뜨린다면 두 나라 사람들이 수수방관하지 않을 것이라 경고하는 동시에 의거의 의의를 밝힌다. 이토 히로부미를 처단한 일은 그가 솔선수범하여 동양의 평화를 수호하기 위해 나선 행위인 것이다. 그는 마지막으로 동양의 평화를 염원하며 한국, 중국, 일본의 대표자가 뤼순구에 모여 평화 회의를 개최하자는 의견을 제시하고 있다.

전감

東洋平和論 目錄
前鑑 一
現狀 二
伏線 三
問答 四

東洋平和論

安重根著

前鑑

自古及今無論東西南北之洲難測者大勢之飜覆
也不知者人心之變遷也向者(甲午)美日淸戰役論
之則其時朝鮮鼠竊輩東學黨之騷擾因緣淸日
兩國動兵渡來無端開戰互相衝突日勝淸敗東勝
長驅遼東半部兵鎭要隘旅順陷落黃海艦隊擊破
後馬関談判開設條約結臺灣一島劃讓二億賠地
大全室欽此謂日本維新後一大紀蹟也淸國物重地
古淸國人自稱中華大國外邦謂之夷狄驕傲極甚、

「동양평화론」 전감 (등사본 부분)

전감(前鑑)은 문자 그대로 앞 사람이 한 일을 거울삼아 스스로 경계하자는 뜻을 가진 용어이다. 안중근이 이 전감에서 거울로 삼은 것은 동양 3국의 관계와 전쟁이다. 그는 청일전쟁과 러일전쟁을 되돌아보며 승패의 원인과 결과를 각국의 입장에서 설명한다.

"예로부터 지금에 이르기까지 동서남북의 육대주 어디를 막론하고 헤아리기 어려운 것은 대세가 뒤엎어지는 것이고 알 수 없는 것은 인심이 변하는 것이다"라는 서술에서 그는 대세가 인심의 변화에 따라 변한다는 점을 시사한다. 이것은 역사의 진전이 인간의 의지에 달려 있다는 의미로도 해석할 수 있다. 안중근은 이러한 관점에서 19세기 말부터 20세기 초까지 아시아 대륙에서 일어났던 두 전쟁을 바라보며, 이를 통해 동양 사회의 흐름을 제시하고 있다. 그가 「동양평화론」 전감에서 설명하려는 내용은 다음과 같이 정리할 수 있다.

첫째 청일전쟁의 원인과 결과를 분석하며, 일본이 승리하고 청나라가 패배한 이유를 그 민족성의 측면에서 설명한다. 먼저 이 문서에서 청일전쟁의 원인으로 언급된 사건은 동학농민운동이다. "지난날(1894년) 청일전쟁을 보더라도 그때 조선의 쥐새끼 같은 도적 무리인 동학당의 소요로 청과 일본 두 나라가 병력을 동원해 조선에 건너와 함부로 전쟁을 벌이며 충돌하였다." 이는 오늘날의 관점에서 볼 때 논란의 여지가 크다. 하지만 이것은 어디까지나 결과론적 관점에서 제시한 주장이었음을 염두에 두어야 할 것이다. 안중근은 동학 농민군의 반란이 외세를 끌어들이는 결과를 가져온 데 대하여 부정적인 평가를 내릴 수밖에 없었을 것이다.

이어서 그는 일본이 청일전쟁에서 승리한 이유를 이렇게 평가한다.

"일본은 메이지 유신 이래로 민족이 화목하지 못하고 다툼이 끊이지 않았으나, 외교 분쟁이 생겨난 후에는 집안 싸움이 하루아침에 그치고 힘을 합쳐 한 덩어리로 애국당을 이루었으므로 이 같은 승리를 올리게 된 것이다." 반면 영토와 인구가 수십 배나 되는 청나라는 일본과 같은 민족적 단결을 이루지 못했다. "예로부터 청나라 사람은 자신을 중화대국이라 일컫고 다른 나라를 오랑캐라 부르며 무척 교만했다. 더구나 권력을 가진 신하와 친족들이 국권을 마음대로 휘두르고 관료와 백성이 원수가 되어 위아래가 불화했기 때문에 이처럼 욕을 당한 것이다." 이처럼 안중근은 청일전쟁의 승패를 가른 것을 민족성의 측면에서 설명하는데, 특히 청나라 사람들의 자만과 권위주의, 국론의 분열, 지배계층에 대한 불신, 정치의 문란 등을 참패 요인으로 분석하고 있다.

둘째 러시아의 극동 정책을 우려하면서 일본의 과실을 논하고 있다. 러시아는 삼국 간섭을 통해 일본을 견제하면서 청나라가 랴오둥반도를 반환받도록 도왔다. 그러면서 뤼순 조차를 성공시켰는데, 안중근은 러시아의 이러한 행보가 부동항을 얻기 위한 남하 정책의 실상을 드러내고 있다는 점을 간파하고 있다. "불과 수년 만에 러시아는 민첩하고 교활한 수단으로 뤼순구를 조차한 후 군항을 확장하고 철도를 부설하였다. 이런 일의 근본을 따져 보면 수십 년 전부터 펑톈[奉天] 이남 다롄, 뤼순, 뉴좡[牛莊] 등 바다가 얼지 않는 항구를 한 곳이나마 억지로 가지고 싶어한 러시아의 욕심이 불 같고 밀물 같았다."

그는 러시아 남하 정책의 실상을 파헤치는 동시에 일본의 과실이 이 사태를 진척시켰다는 점을 지적한다. "그러나 이유를 따져 보면 이 모두가 일본의 허물이다. 이것이 바로 구멍이 있으면 바람이 생기는 법이요, 자기가 먼저 치니까 남도 친다는 격이다. 만일 일본이 먼저 청을 침범하지 않았다면 러시아가 어찌 감히 이렇게 행동했겠는가. 제 도끼에 제 발등 찍힌 것이라 할 수 있다."

셋째 러일전쟁의 원인과 성격, 한국과 청나라의 대응, 전후의 정세 등을 예리하게 분석하여 그 득실을 비판하고 있다. 일본은 전쟁에서 요행히 연승을 거두었으나 그 당시만 해도 "여전히 함경도를 벗어나지 못했고, 뤼순구도 아직 격파하지 못했으며, 펑톈에서도 아직 이기지 못하던" 때였다. 그때 한국의 관민이 일치단결하여 일어섰다면 을미년(1895년) 일본인이 한국의 명성황후를 무고히 살해한 원수를 갚을 수 있었을 것이다. "사방에 격문을 띄우고 일어났다면, 함경도와 평안도 사이에 있던 러시아 군대가 예상치 않은 곳에서 오가며 생각지 못한 곳을 공격하여서 일본군과 전후좌우로 충돌"했다면 말이다. "청 또한 위아래가 협동해 지난날 의화단 때처럼 들고일어나" 행동했다면 청나라가 일본군에게 대패했던 갑오년의 원수를 갚을 수 있었을 것이다. 안중근은 이렇듯 한국과 청나라가 러일전쟁 때 일본을 돕는 대신 러시아와 손잡고 일본에 대항했더라면 동양의 역사는 달라졌을 것이라 내다보고 있다.

그러면서도 만약 청나라가 일본을 상대로 전쟁을 감행했다면 그 틈을 이용하여 여러 서양 국가들이 이익을 얻고자 달려들었을 것이고, 그 결과 양국의 전쟁은 동양의 참상을 이루었을 것이라고 주장한다. 그렇게 되지 않도록 애초에 일본을 배척하지 않은 청나라와 한국의 태도는 동양 평화를 희망하는 정신을 보여 준다. 그는 이러한 관점에서 양국 사람들이 취한 행동을 평가하고 있다.

넷째 러일전쟁의 강화조약이 미국의 중재 하에 그것도 미국 영토에서 체결된 데 문제를 제기하면서, 이것을 인종 간 차별이라는 관점에서 해석한다. 또한 러시아와 아무런 관계도 없던 한국의 문제를 조약문에 명시한 이유를 따지고 있다.

마지막으로 일본 제국주의를 비판하며 경종을 울리고 있다. "슬프다. 그러므로 자연의 형세를 돌아보지 않고 같은 인종인 이웃 나라를 해치는 자는 끝내 따돌림을 받아 혼자가 되는 재앙을 결코 피하지 못할 것이다." 이러한 서술을 통해 그는 같은 황인종 국가를 지배하려는 일본 제국주의의 대륙 침략 정책을 규탄하면서, 언젠가는 그 값을 치를 것이라는 점을 경고하고 있다.

안중근이 옥중에서 집필한「동양평화론」에는 이상과 같은 내용이 담겨 있다. 여기서 그가 주장한 '동양 평화' 개념을 좀 더 구체적으로 살펴볼 필요가 있다. 동양 평화에 대한 그의 입장은 신문 조서 등에 단편적으로 드러나 있는데, 특히 1910년 2월 17일에 그가 관동도독부 고등법원장과 면담한 내용을 기록한「청취서」를 참고할 만하다. 이 문서에서 그는 동양 평화를 향한 이상을 구체적으로 제시하고 있다.「청취서」는 동양의 중심지인 뤼순을 영세 중립지로 만들어 그곳에 각국 대표로 이루어진 상설위원회를 설치하고 다음과 같은 활동을 지속하자는 내용을 골자로 한다.

1. 동양 평화 회의를 조직하여 3국 인민 가운데 회원을 모집하고 1인당 회비 1원씩을 모금하여 재정을 확보하고 운영한다.
2. 3국이 공동으로 은행을 설립하고 3국의 공용 화폐를 발행하여 금융과 경제 면에서 공동 발전을 도모한다.

3. 각국의 중요한 지역에 평화 회의 지부와 은행 지점을 개설하여 재정적 안정을 도모한다.

4. 영세 중립지 뤼순을 보호하기 위해 일본 군함 5, 6척을 정박시켜 놓는다.

5. 3국의 청년들로 군단을 편성하여 최소한 2개 국어로 교육시킨 후 평화군을 양성한다.

6. 일본의 지도 아래 한국과 청나라의 상공업을 발전시켜 공동으로 경제 발전을 위해 노력한다.

7. 3국의 황제가 국제적으로 신임을 얻을 수 있도록 합동으로 로마 교황에게 대관을 받는다.

이와 같은 「청취서」의 주장은 「동양평화론」이 지향하는 평화를 영구적으로 유지할 수 있는 방안을 제시하고 있다. 이러한 내용으로 미루어볼 때, 안중근이 말하는 동양 평화란 동양 3국이 함께 서양의 침략에 대응하고 공동으로 협력하여 번영을 이루어가는 것을 의미한다고 할 수 있다. 이를 실현하기 위해서는 우선 동양인끼리 서로 침탈하는 행위를 중지해야 했다.

안중근은 나라가 위기에 처했을 때 민족 운동에 앞장서 교육 구국 운동을 벌였고, 의병 활동과 항일 의거와 같은 투쟁을 이어갔다. 「동양평화론」에서 분명히 제시했듯, 그는 이러한 투쟁을 통해 동양의 평화를 이루길 염원했다. 그렇게 본다면, 그는 의사이자 열사인 동시에 평화의 사도이기도 하다. 동양평화론은 평화의 사도로서 안중근이 실천한 독립운동의 이론적 배경을 이루는 사상체계라 할 수 있다. 여기에는 유교 사상과 개화 사상, 기독교 사상 등이 서로 접목되고 융화되어 있다.

그런 까닭에 이 사상은 종합적이고 보편적인 특징을 나타내고 있다.

안중근의 동양평화론은 19세기 말 이래 개화 사상가들의 대외 인식에서 나타난 중립 국가 논의를 넘어선 이론이며, 일본 정한론자들의 아시아 연대주의론과 비교할 수 없는 이론이다. 「동양평화론」은 제국주의라는 시대적 상황 속에서 동양의 국가들이 서양의 침략과 수탈을 막고 생존권을 지키며, 공동의 번영을 모색하길 바라는 염원에서 쓰인 값진 기록이다.

「한국인 안응칠 소회」 필사본

한국인 안응칠 소회

하늘이 사람을 내어 세상 사람이 모두 형제가 되었다. 모든 사람은 자유롭게 살아가길 원하며, 누구나 삶을 좋아하고 죽음을 싫어한다. 세상 사람들은 오늘날을 의례적으로 문명의 시대라 일컫지만, 나는 결코 그렇지 않다는 것을 알기에 홀로 탄식한다. 무릇 문명이란 동서양, 잘난 사람이나 못난 사람, 남녀노소를 물을 것 없이 세상 모든 사람이 천부의 성품을 지키고 도덕을 숭상하여 서로 다투는 마음이 없이 살아가는 것이다. 그리하여 각자 제 땅에서 편안하게 생업을 즐기면서 함께 태평을 누리는 것이다.

그런데 오늘의 시대는 그렇지 못하다. 이른바 문명화된 선진 사회의 높은 사람들이 하는 짓을 보면, 서로 경쟁할 궁리나 하고 사람 죽이는 기계나 만들려 한다. 그리하여 동서양 육대주에 대포 연기와 탄환 빗발이 끊일 날이 없으니 어찌 개탄할 일이 아니겠는가. 동양이 처한 현실은 차마 기록하기 어려울 정도로 더욱더 비참하다. 이토 히로부미는 이른바 천하대세를 깊이 헤아려 알지 못하고 함부로 잔혹한 정책을 썼다. 그 결과 동양 전체가 장차 멸망을 면하지 못하게 되었다. 슬프다. 천하대세를 멀리 걱정하는 청년들이 어찌 팔짱만 끼고 아무런 방책도 없이 앉아서 죽기를 기다릴 수 있단 말인가. 그러므로 나는 생각에 생각을 거듭한 끝에 하얼빈에서 총 한 방으로 만인이 보는 눈 앞에서 늙은 도적 이토의 죄악을 성토하여 뜻있는 동양 청년들의 정신을 일깨운 것이다.

1909년 11월 6일

韓國人安應七所懷

天生蒸民 四海之內 皆爲兄弟 各守自由 好生厭死 人皆常情 今日世人 例稱文明時代 然我獨長嘆不然 夫文明者 勿論東西洋賢愚 男女老少 各守天賦之性 崇常道德 相無競爭之心 安土樂業 共享泰平 是可曰文明也 現今時代不然 所謂 上等社會 高等人物者 所論者 競爭之說 所究者 殺人機械 故 東西洋六大洲 砲煙彈雨無日不 絶豈不慨嘆哉 到今 東洋大勢言之 則憨狀尤甚 眞可難記也 所謂 伊藤博文 未能深料天下大勢 濫用殘酷之政策東洋全幅 將未免魚肉之場 噫 遠慮天下大勢 有志青年等 豈肯束手無策 坐以待死可乎 故此漢 思之不已 一砲於哈爾賓萬人 公眠之前 欲爲聲討 伊藤老賊之罪惡 警醒東洋有志 青年等之精神的也

一九〇九年十一月六日下午二時三十分 提出

주 「한국인 안응칠 소회」는 1909년 11월 6일 안중근이 뤼순 감옥으로 이감된 직후 검찰관의 첫 신문에 앞서 「이토 히로부미 죄악」과 함께 서면으로 제출한 것이다.

| 장부가 |

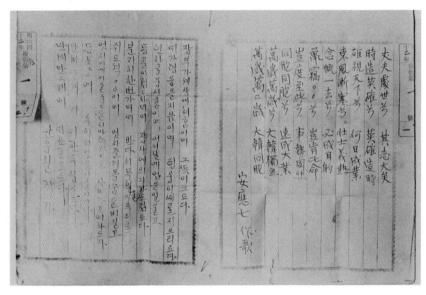

「장부가」

장부가 세상에 처함이여 그 뜻이 크도다

때가 영웅을 지음이여 영웅이 때를 지으리로다

천하를 웅시함이여 어느 날에 업을 이룰고

동풍이 점점 차가우니 장사의 뜻이 뜨겁도다

분개히 한 번 감이여 반드시 목적을 이루리로다

쥐새끼 같은 도적 이토여 어찌 감히 목숨을 갖출고

어찌 이에 이를 줄을 헤아렸으리요

사세가 고연하도다

동포 동포여 속히 대업을 이룰지어다

만세 만세여 대한 독립이로다

만세 만만세여 대한 동포로다

丈夫處世兮 其志大矣

時造英雄兮 英雄造時

雄視天下兮 何日成業

東風漸寒兮 壯士義烈

忿慨一去兮 必成目的

鼠竊伊藤兮 豈肯比命

豈度至此兮 事勢固然

同胞同胞兮 速成大業

萬歲萬歲兮 大韓獨立

萬歲萬萬歲 大韓同胞

| 인심결합론 |

「인심결합론」(『해조신문』1908년 3월 21일자)

사람은 만물보다 귀하다. 이유를 들자면 무엇보다도 삼강오륜을 알기 때문이다. 그러므로 사람은 세상을 살아갈 때 첫째는 몸을 닦고, 둘째는 집을 정돈하고, 셋째는 나라를 보호해야 한다.

사람의 생명은 몸과 마음의 조화를 통해 보호되고, 집은 부모와 처자의 노고로 유지되며, 나라는 위아래 사람들이 단결하여 보존하는 것이거늘. 슬프다! 우리나라는 오늘날 이처럼 참담한 지경에 빠졌으니 그 까닭은 다른 것이 아니라 서로 화합하지 못했기 때문이다. 그것이 가장 큰 원인이다.

이렇게 화합하지 못하고 불화를 일삼는 병은 교만하기 때문에 걸린 것이다. 헤아릴 수 없는 해악과 악독함이 교만함에서 비롯되는데, 소위 교만한 무리들은 저보다 나은 자를 시기하고 저보다 약한 자를 업신여기며, 동등한 자는 서로 다투어 아랫사람이 되지 않으려 한다. 그러니 어찌 서로 화합할 수 있을 것인가?

교만함을 바로 잡으려면 겸손해야 한다. 모든 사람이 겸손하게 행동하여 자기를 낮추고 남을 공경하여 남이 자기를 꾸짖는 것을 너그럽게 여기고 자기 공을 남에게 양보한다면, 짐승이 아닌 이상 어찌 서로 불화할 수 있겠는가?

옛날 어느 나라 임금이 죽을 적에 자식들을 불러 경계하며 살기를 당부하며 말했다. "만일 내가 죽은 뒤에 너희들 형제끼리 마음을 합하지 못하면 남이 쉽게 너희를 꺾으려 들 것이다. 하지만 마음을 합하기만 하면 남들이 어떻게 꺾을 수 있겠느냐?"

이제 고국 산천을 바라보니 동포들이 원통하게 죽고 죄 없는 조상의 백골마저 깨뜨리는 소리를 차마 듣지 못하겠다. 깨어라! 연해주에 계신 동포들이여! 본국의 이 소식을 듣지 못했는가? 당신들의 일가 친척은 모두 대한 땅에 있고 당신들 조상의 분묘도 모국 산하에 있지 않단 말인가. 뿌리가 마르면 가지 잎새도 마르는 것이니, 조상이 같은 피의 족속이 이미 굴욕을 당했다면 내 몸은 장차 어떻게 되겠는가?

우리 동포들이여! 각각 "불화" 두 글자를 깨뜨리고 "결합" 두 글자를 굳게 지켜 자녀들을 교육하며, 청년 자제들은 죽기를 결심하고 속히 우리 국권을 회복하는 데 나서자. 그런 뒤에 태극기를 높이 들고 처자 권속과 독립관에 모여 한 마음 한 몸으로 육대주가 진동하도록 대한 독립 만세를 부를 날을 기약하자.

주 안중근이 1908년 3월 21일 『해조신문(海潮新門)』에 '기서(寄書)'라는 제목으로 기고한 글이다.

| 옥중 한시 |

북녘 기러기 소리에 밤을 깨니
홀로 달 밝은 누대 위에 있었다
언제고 고국을 생각지 않으랴
삼천리가 또 아름답다
형제의 백골 그 삼천리 땅속에 의의하고
아버지와 조부의 넋 청산에 역력하다
우리 집에는 무궁화가 만발해 기다리고 있고
봄날의 압록강 물에는 돌아가는 배가 흘러간다

사나이 뜻을 육대주에 세웠으니
만약 이루지 못한다면 죽어도
조국에 돌아가지 않을 것이다
나의 뼈가 선영에도 묻히기를 어찌 바랄 소냐
인간이 가는 곳이 청산인 것을

나막신과 대지팡이로 동네를 나오니
강둑의 푸른 버드나무 빗속에 즐비하다
모든 벌이 어찌 금곡주 같겠는가

무릉도원을 배 타고 찾는 것이로다

여름의 풍류는 인간이 다 취하고
가을은 세상 일이 손님이 먼저 들기를 기다린다
주인의 풍치는 참으로 부끄러움을 견디지 못한다

푸른 나무들의 연기에 흥이 가득하고
한 걸음 두 걸음 세 걸음 나서자
푸른 산과 흰 들 사이에 꽃이 간간이 피어 있다
화가에게 이 경치 그려달라 하면
나무 안 새 소리 어떻게 그릴까
갈대 꽃 위에 누구 이름 새길까
헤아려 눈 속에 들여놓고 보면 글자마다 분명할 것이다
사나이 처음 한 맹세 배반 못하겠다

해동의 밝은 달은 선생님 얼굴이요
북풍 맑은 곳은 처사가 있는 곳
붉은 꽃, 푸른 버들은 작년 봄과 같고
여름이 지나고 서늘함 느끼니 가을이 왔구나

일어나 머리와 얼굴 가다듬으니
누가 나와 함께 여기에 있는가
누런 나뭇잎 덮인 사양길에
조금 전 어느 작은 가게에 있던
백운명월은 다시 공산에 떠 있다
희미하게 생각나는 것 전생의 꿈과 같은데
고요한 혼백이 죽지 않고 돌아올 수 있었다

나의 혼백만이 짧은 지팡이 집고 살던 집 찾아가니
부엌 등불 하나만이 밝히 있을 뿐
한 걸음 두 걸음 세 걸음 다가가 서니
푸른 산과 흰 들 사이에 꽃들이 피어 있다
불그레한 안방의 향기 그치질 않고
여인은 교태 반 부끄러움 반 머금고 있는데
나 죽은 뒤 기억해달라고 가만히 물으니
두 손을 모으고 금비녀 머리를 끄덕인다

마음 속에서 이별의 말은 계속되고
손은 이별의 술잔을 더디게 향해 간다
살아서는 생각하는 날이라도 있었는데
죽은 뒤에는 어찌 저 홀로 가는 때를 견디어 내겠는가
만난 인연이 오래오래 막혔다고 말하지 말아라
평생을 근심 속에 기약할 뻔 했으나
편지 한 장 날려 하늘 문에 도달하게 할 수 있어
나의 사정을 호소하면
그대로 혼미하지는 않을 것이다

남자가 차라리 죽을지언정
바른 마음을 속일까 보냐
판사 검사가 어찌 나의 속마음을 알까
원수는 갚았고, 외로운 혼은 곧 땅에 떨어진다

주 1910년 3월 사형 집행을 앞두고 흔들림 없는 심경을 술회한 안중근의 자작 한시. 안태형의 한문 교본 「대가법첩(大家法帖)」에 기록되어 있다.

| 옥중 편지 |

어머님 전 상서

예수를 찬미합니다. 불초한 자식이 감히 한 말씀을 어머님 전에 올리려 합니다. 엎드려 바라건대 자식의 막심한 불효와 아침 저녁으로 문안 인사도 드리지 못하는 점 용서하여 주소서. 이슬과도 같은 허무한 이 세상에서 언제나 넘치는 정으로 이 불초자를 너무나 생각해 주시니 훗날 영원의 천당에서 만나 뵈올 것을 바라오며 또 기도합니다. 이 현세의 일이야말로 모두 주님의 명령에 달려 있으니 마음을 평안히 하시기를 천만 번 바라올 뿐입니다. 분도는 장차 신부가 되게 하여 주시기를 희망하며, 후일에도 잊지 마시고 천주께 바치도록 키워 주소서. 여기까지가 감히 올리는 말씀이며, 그 밖에도 드리고 싶은 말씀은 허다하오나 후일 천당에서 기쁘게 만나 뵌 뒤 계속해서 말씀 드리겠습니다. 위아래 여러분께 문안도 드리지 못하오니, 모두들 주교님을 전심으로 신앙하시어 후일 천당에서 기쁘게 만나 뵙겠다고 전해 주시기 바랍니다. 이 세상의 여러 가지 일은 정근과 공근에게서 들으시고, 배려를 거두시어 마음 편안히 지내소서.

아들 도마 올림.

분도 어머니에게 부치는 글

예수를 찬미하오. 우리들은 이슬과도 같은 허무한 이 세상에서 천주의 안배로 배필이 되고 다시 주님의 명으로 이제 헤어지게 되었으나 또 머지않아 주님의 은혜로 천당 영복의 땅에서 영원에 모이려 하오. 부디 괴로워하지 말고 주님의 안배만을 믿으며 신앙을 열심히 지키길 바라오. 또한 어머님에게 효도를 다하고 두 동생과 화목하게 지내며 자식의 교육에 힘써 주길 부탁하오. 세상을 살아가는 동안 몸과 마음을 평안히 하고 훗날 함께 영원의 즐거움을 누리길 바랄 뿐이오. 나는 장남 분도가 신부가 되었으면 하오. 이미 마음을 결정하고 믿고 있으니 그리 알고 반드시 잊지 말고 천주께 바치어 후세에 신부가 되게 해 주시오. 천당에서 기쁘고 즐겁게 만나 많고 많은 말을 나눌 기회가 있을 것을 믿고 또 바랄 뿐이오.

1910년 경술 2월 14일
장부 도마 올림.

민 주교 전 상서

예수를 찬미합니다. 인자하신 주교께서는 죄인을 불쌍히 여겨 그 죄를 용서해 주소서. 그리고 죄인의 일에 관해서는 주교께서 큰 배려를 베풀어 주셨으니, 번거롭게 하여 황공하기 이를 데 없습니다. 우리 주 예수의 은혜를 입어 고백할 수 있도록 도와 주시고, 모든 성사를 베풀어 주신 덕분에 심신이 모두 평안함을 얻었습니다. 성모의 홍은과 주교의 은혜에 감사함을 이루 다 말할 수 없습니다. 감히 다시 바라건대 죄인을 불쌍히 여기시어 주님 앞에 기도를 바쳐 주소서. 그리하여 속히 승천의 은혜를 얻을 수 있도록 도와 주시기를 간절히 빕니다. 동시에 주교님과 여러 신부님께서는 한 몸이 되어 천주교를 위해 진력해 주소서.

그 덕화가 날로 융성하여 한국에서 다른 종교를 믿는 수많은 사람들과 기독교인들이 일제히 천주교로 귀의하기를, 그리하여 자애로우신 우리 주 예수의 아들이 되기를 바라고 또 축원할 따름입니다.

1910년 경술 2월 15일
죄인 안 도마 올림.

홍 신부 전 상서

예수를 찬미합니다. 자애로우신 신부님이여, 저에게 처음으로 세례를 주시고 또 최후의 만남을 위해 이 누추한 곳까지 수고스러움을 마다 않고 특별히 와 주시어 친히 모든 성사를 베풀어 주신 그 은혜를 어찌 다 갚을 수 있겠습니까. 감히 다시 바라건대 죄인을 잊지 마시고 주님 앞에 기도를 바쳐 주소서. 또 죄인이 욕되게 하는 여러 신부님과 교우들에게 안부를 전해 주시어 모쪼록 우리가 속히 천당 영복의 땅에서 흔연히 만날 기회를 기다린다는 뜻을 전해 주소서. 끝으로 자애로우신 신부님이 저를 잊지 마시기를 바라며, 저 또한 결코 잊지 않겠습니다.

1910년 경술 2월 15일
죄인 안 도마 올림.

주 안중근은 사형을 선고 받은 후 이 편지들을 써 두 아우 편에 보냈다.

안중근은 143일 동안 뤼순 감옥에 수감되어 있었는데, 그 시기에 자신의 떳떳한 생애와 사상을 밝히는 「안응칠 역사」와 미완성의 「동양평화론」을 저술하였다. 그뿐 아니라 서예 작업도 활발히 진행하여 신품(神品)과도 같은 유묵을 남겼다. 그의 유묵은 현재까지 밝혀진 것만 해도 63폭이 넘는데, 옥중에서 작업한 작품 외에도 하얼빈 의거 즈음에 쓴 몇 가지 진귀한 필적 등이 전해지고 있다.

여러 필적 중 1909년 초 연해주 한인 마을 얀치헤 카리에서 그가 쓴 "대한독립(大韓獨立)"에는 특별한 의미가 있다. 그것은 단지동맹의 동지 12인의 선혈을 모아 태극기에 쓴 혈서이기 때문이다. 이 태극기는 '대한독립기'라고도 불리는데, 그 원본은 유실되었는지 전래되지 않고 있으나 엽서로 만든 사진이나 여러 보도사진 등에서 그 존재가 확인되고 있다. 대한독립기에 새긴 혈서는 안중근이 조국에 바친 뜨거운 독립 정신의 표상이라 할 수 있다. 이 외에도 특별한 의미를 갖는 필적이 많은데, 특히 하얼빈 의거 직전에 작사한 「장부가」는 그가 직접 쓴 한문본과 한글본을 나란히 볼 수 있어 의미를 더한다. 압수되어 공판정의 증거물로 제시된 이 작품은 안중근의 결연한 의지를 분명하게 보여주는 귀중한 자료이다.

안중근 일행이 블라디보스토크에서 하얼빈에 도착한 후 『대동공보』 주필 이강에게 보낸 간찰도 특별한 의미를 갖는 필적이다. 그가 작성하고 우덕순이 연명 날인한 이 간찰은 의거 계획과 추진 상황, 자금 융통 등에 관한 내용을 담고 있다. "대한독립 만만세(大韓獨立 萬萬歲)"라는 구절로 끝맺고 있으며, 이 작품 역시 공판정의 증거물로 제시되었다.

안중근의 필적 중 실물을 확인할 수 있는 자료가 있는데, 바로 그가

안중근이 빌렘 신부에게 보낸 엽서

빌렘(한국명 홍석구) 신부에게 보낸 두 통의 엽서이다. 엽서는 각각 망명 전인 1906년 1월 6일, 망명 후인 1908년 10월 1일에 발송되었고 받는 이 표기 부분에 "진남포 돈의학교 내 홍석구 신부(鎭南浦 敦義學校 內 洪錫九 神父)"가 명시되어 있다. 안부를 묻는 비교적 평범한 내용의 간찰이지만 그의 행적과 관련해 중요한 의미를 갖는 자료이다.

박은식의 『한국통사』에 따르면, 안중근은 1910년 2월과 3월에 걸쳐 뤼순 감옥에서 휘필 이백여 폭을 작성했다. 그러나 현재까지 한국, 중국, 일본 등에 남아 있는 그의 휘필은 실물과 사진본을 모두 합해도 그 수가 적은 편이다. 그 내용만 전해질 뿐 사진으로도 확인할 수 없는 휘필로는 "천지번복 지사개탄 대하장경 일목난지(天地飜覆 志士慨嘆 大廈 將傾 一木難支)", "천지작부모 일월위명촉(天地作父母 日月爲明燭)", "인심유위 도심유미(人心惟危 道心惟微)" 세 폭이 있다.

한편 현재 남아 있는 안중근의 유묵 중 사단법인 안중근 의사 숭모회가 소장한 "위국헌신 군인본분(爲國獻身 軍人本分)", "국가안위 노심초사(國家安危 勞心焦思)" 등 8점과 국내 각처에서 소장한 25점이 국가보물로 지정되었다.

앞에서도 설명했지만, 안중근의 유묵은 대부분 뤼순 감옥 시기에 쓰였기 때문에 작품 왼쪽에 "경술 3월(혹은 2월) 뤼순 옥중에서 대한국인 안중근(庚戌三月 旅順獄中 大韓國人 安重根)"이라는 서명이 있다. 서명 아래는 단지동맹 때 약지를 자른 왼손의 장인이 찍혀 있다.

또한 그는 작품마다 다른 글귀를 썼다. 간혹 내용상 뜻이 유사한 작품들이 있기는 하지만, 하나의 글귀를 한 폭 이상 휘호하지 않았던 것으로 추정된다. 내용과 형식의 측면에서 그의 작품들을 살펴보면 첫째, 높은 기개와 애국적 사상이 한두 구절의 명구나 오언 내지 칠언 절구의 시문으로 표현되어 있다. 예를 들어 "국가안위 노심초사(國家安危 勞心焦思)"라든가 "위국헌신 군인본분(爲國獻身 軍人本分)", "사군천리 망안욕천 이표촌성 행물부정(思君千里 望眼欲穿 以表寸誠 幸勿負情)" 등의 명구와 시에는 정철의 「사미인곡」에 버금가는 충군애국의 열정이 드러나 있다. 그리고 "동양대세사묘현 유지남아개안면 화국미성유강개 정략불개진가련(東洋大勢思杳玄 有志男兒豈安眠 和局未成猶慷慨 政略不改眞可憐)"이나 "욕보동양 선개정략 시과실기 추회하급(欲保東洋 先改政略 時過失機 追悔何及)" 등의 시문에는 동양의 평화를 향한 염원이 나타나 있다.

둘째, 그의 작품에는 사서삼경이나 성현의 명구에서 종종 확인되는 애국 사상과 구국 교육관이 드러나 있다. 예들 들어 "견리사의 견위수명(見利思義 見危授命)"은 『논어』의 「헌문」편 문구를 본떠 그의 애국적 국가관을 나타낸 것이라 할 수 있고, "박학어문 약지이례(博學於文 約之以禮)"나 "인무원려 난성대업(人舞遠慮 難成大業)", "일일부독서 구중생형극(一日不讀書 口中生荊棘)" 등은 성현의 명구를 통해 구국 교육 사상을 표현한 것이라 볼 수 있다. 한편 "극락(極樂)"이나 "천당지복 영원지락(天堂之福 永遠之樂)" 등은 성서의 내용을 통해 그의 굳건한 신앙심을 드러낸 유묵이라 할 수 있다.

　이와 같은 유묵은 신품이라 할 수 있을 만큼 예술적 가치가 있는 작품인데, 안중근은 이것들을 대부분 자신을 사형으로 몰아넣는 데 관련된 사람들, 이를 테면 감옥의 간수나 법원의 형리에게 정성을 다해 써주었다. 거기에는 동양 평화를 기원하는 그의 깊은 뜻이 담겨 있을 것이다. 이러한 유묵을 겨레의 보물로 길이 보존하고, 아울러 일본 등에 남아 있을 아직 발견되지 않은 유묵과 실물 자료를 조사하고 수집하는 데 지속적으로 힘써야 할 것이다.

안중근 의사 유묵 현황

(1) 보물 지정 유묵(25점)

구분	유묵 명	소 장 인	보관장소	보물 지정일	규격(세로x가로)	비 고
보물569-1	百忍堂中有泰和	강석주	서울 강남구	1972. 8.16.	137.4cm×33.2cm	
-2	一日不讀書口中生荊棘	동국대학교	서울 중구	1972. 8.16.	148.4cm×35.2cm	
-3	年年歲歲花相似歲歲年年人不同	삼성미술관 리움	서울 용산구	1972. 8.16.	109.3cm×41.0cm	
-4	恥惡衣惡食者不足與議	불명	불명	1972. 8.16.	130.5cm×31.0cm	지정해제
-5	東洋大勢思杳玄有志男兒豈安眠 和局 未成猶慷慨政略不改眞可憐	숭실대학교	서울 동작구	1972. 8.16.	138.5cm×36.0cm	
-6	見利思義見危投命	동아대학교	부산 서구	1972. 8.16.	140.8cm×30.6cm	
-7	庸工難用連抱奇材	국립중앙박물관	서울 용산구	1972. 8.16.	137.4cm×33.4cm	
-8	人無遠慮難成大業	숭실대학교	서울 동작구	1972. 8.16.	135.8cm×33.5cm	
-9	五老峯爲筆三湘作硯池靑天一丈 紙寫 我腹中詩	홍익대학교	서울 마포구	1972. 8.16.	138.4cm×31.8cm	
-10	歲寒然後知松栢之不彫	안중근의사숭모회	서울 중구	1972. 8.16.	133.6cm×30.6cm	
-11	思君千里望眼欲穿以表寸誠幸勿負情	오영욱	경기 군포시	1972. 8.16.	138.0cm×33.5cm	
-12	丈夫雖死心如鐵義士臨危氣似雲	숭실대학교	서울 동작구	1972. 8.16.	135.4cm×31.7cm	
-13	博學於文約之以禮	안중근의사숭모회	서울 중구	1972. 8.16.	137.4cm×33.0cm	
-14	第一江山	숭실대학교	서울 동작구	1972. 8.16.	38.6cm×96.6cm	
-15	靑草塘	해군사관학교	경남 창원시	1972. 8.16.	37.6cm×67.0cm	
-16	孤莫孤於自恃	남화진	부산시 중구	1972. 8.16.	39.7cm×74.9cm	
-17	仁智堂	삼성미술관 리움	서울 용산구	1972. 8.16.	37.6cm×67.0cm	
-18	忍耐	김신화	서울 광진구	1972. 8.16.	26.8cm×72.1cm	
-19	極樂	안중근의사숭모회	서울 중구	1972. 8.16.	33.2cm×68.2cm	
-20	雲齋	안중근의사숭모회	서울 중구	1972. 8.16.	32.8cm×67.8cm	
-21	欲保東洋先改政略時過失機追悔何及	단국대학교	경기 용인시	1991. 7.12.	136.5cm×34.0cm	
-22	國家安危勞心焦思	안중근의사숭모회	서울 중구	1993. 1. 15.	149.3cm×38.5cm	
-23	爲國獻身軍人本分	안중근의사숭모회	서울 중구	1993. 1. 15.	126.1cm×25.9cm	
-24	天與不受反受其殃耳	김화자	제주 제주시	1999.12.15.	136.8cm×32.2cm	
-25	言忠信行篤敬蠻邦可行	안중근의사숭모회	서울 중구	2003. 4.14.	126.1cm×25.9cm	
-26	臨敵先進爲將義務	해군사관학교	경남 창원시	2007.10.24.	126.1cm×25.9cm	

(2) 기타 유묵(37점)

구분	유묵명	소장인	보관장소	규격(세로x가로)
1	志士仁人殺身成仁	안중근의사숭모회	서울 중구	149.3cm×37.8cm
2	貧與賤人之所惡者也	뤼순박물관	중국 뤼순박물관	120cm×42cm
3	白日莫虛渡靑春不再來	정석주	한국	145cm×31cm
4	劍山刀水慘雲難息	안도용	미국 캘리포니아 주	102cm×30cm
5	日出露消兮正合運理日盈必仄兮不覺其兆	일본인	일본	143cm×47cm
6	黃金百萬兩不如一敎子	대한민국역사박물관	서울 종로구	150cm×35cm
7	喫蔬飮水樂在其中	일본인	일본	133cm×26.5cm
8	貧而無諂富而無驕	료카기념관	일본 도쿄 료카기념관	137cm×32cm
9	自愛室	불명	일본	
10	敬天	천주교 서소문성지역사박물관	서울 중구	34cm×65.3cm
11	日通淸話公	이인정	경기 성남시	37cm×41.1cm
12	年年點檢人間事惟有東風不世情	일본인	일본	
13	人類社會代表重任	일본인	일본	
14	言語無非菩薩手段擧皆虎狼	일본인	일본	
15	弱肉强食風塵時代	일본인	일본	
16	不仁者不可以久處約	일본 조신지	일본 교토 류코쿠대학	150cm×40cm
17	敏而好學不耳止下問	일본 조신지	일본 교토 류코쿠대학	150cm×40cm
18	戒愼乎其所不睹	일본 조신지	일본 교토 류코쿠대학	150cm×40cm
19	通情明白光照世界	만주일일신문사	불명	
20	日韓交誼善作紹介	동아일보사	서울 종로구	
21	臥病人事絶嗟君萬里行河橋不相送 江樹遠含情	일본인	일본	
22	天堂之福永遠之樂	가노 겐	일본 도쿄 야요이미술관	136.2cm×33.2cm
23	山不高而秀麗水不深而澄淸地不廣 而平坦林不大而茂盛	삼성미술관 리움	서울 용산구	136.cm×34.5cm
24	一勤天下無難事	만주일일신문사	불명	
25	澹泊明志寧靜致遠	박원범	부산 해운대구	135.6cm×32.3cm
26	臨水羨魚不如退結網	일본인	일본	

27	長歎一聲先弔日本	일본인	일본	230cm×40cm
28	謀事在人成事在天	오정택	서울 종로구	136.3cm×34cm
29	百世淸風	사토 가즈오	일본	34cm×69cm
30	獨立	간센지	일본 교토 류코쿠대학	31.8cm×66.2cm
31	人無遠慮必有近憂	김장렬	서울	149.3cm×38.5cm
32	凱旋	조소앙	불명	
33	三軍之勇可奪匹夫之心不可奪	불명	불명	사진본
34	乘彼白雲至于帝鄕矣	불명	한국	137.7cm×34cm
35	洗心臺	불명	서울	
36	於國於民竭誠盡力	불명	불명	사진본
37	人心惟危道心惟微	불명	불명	

보물 지정 유묵

백인당중유태화
보물 제569-1호

137.4cm×33.2cm, 김석주 소장

百忍堂中有泰和
백 번 참는 집안에 태평과 화목이 있다.

당나라 시기 장공예의 집 당호이다. 당 고종이 9대가
한집에 화목하게 산 것을 칭찬하며 지어 준 글이다.

일일부독서 구중생형극
보물 제569-2호

148.4cm×35.2cm, 동국대학교박물관 소장

一日不讀書 口中生荊棘
하루라도 글을 읽지 않으면 입안에 가시가 돋친다.

년년세세화상사 세세년년인부동
보물 제569-3호

치악의악식자 부족여의
보물 제569-4호

109.3cm×41cm, 삼성미술관 리움 소장

130.5cm×31cm, 지전하재

年年歲歲花相似 歲歲年年人不同
해마다 계절 따라 같은 꽃이 피건만 해마다
만나는 사람들은 같지 않네.

恥惡衣惡食者 不足與議
궂은 옷, 궂은 밥을 부끄러워하는 자는
더불어 의논할 수 없다.
『논어』이인 편에서 인용한 글이다.

동양대세사묘현 유지남아기안면 화국미성유강개 정략불개진가련

보물 제569-5호

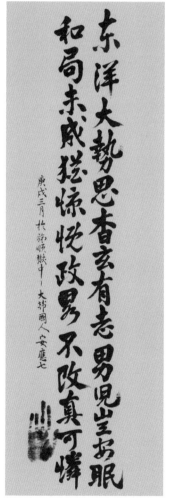

138.5cm×36cm, 김영선이 소장하던 것을 숭실대학교 한국기독교박물관에 기증

東洋大勢思杳玄 有志男兒豈安眠 和局未成猶慷慨 政略不改眞可憐
동양대세 생각하매 아득하고 어둡거니 뜻 있는 사나이 편한 잠을 어이 자리,
평화시국 못 이룸이 이리도 슬픈지고 정략(침략전쟁)을 고치지 않으니 참 가엾도다.

견리사의 견위수명
보물 제569-6호

見利思義 見危授命
이익을 보거든 정의를 생각하고,
위태로움을 보거든 목숨을 바쳐라.

『논어』 헌문 편에서 인용한 글이다.

용공난용 연포기재
보물 제569-7호

庸工難用 連抱奇材
서투른 목수는 아름드리 큰 재목을
쓰기 어렵다.

『통감』에서 자사가 위왕에게 말한 내용을 인용한 글이다.

인무원려 난성대업

보물 제569-8호

오로봉위필 삼상작연지
청천일장지 사아복중시

보물 제569-9호

人無遠慮 難成大業
사람이 멀리 생각하지 못하면 큰일을
이루기 어렵다.
『논어』 헌문 편에서 인용한 글이다.

五老峯爲筆 三湘作硯池 靑天一丈紙 寫我腹中詩
오로봉으로 붓을 삼고 삼상의 물로 먹을 갈아 푸른
하늘 한 장 종이 삼아 뱃속에 담긴 시를 쓰련다.

세한연후 지송백지부조

보물 제569-10호

사군천리 망안욕천 이표촌성 행물부정

보물 제569-11호

133.6cm×30.6cm, 안중근의사숭모회 소장

138cm×33.5cm, 숭실대 소장

歲寒然後 知松栢之不彫

눈보라 친 후에야
잣나무가 이울지 않음을 안다.

「논어」 자한 편에서 인용한 글이다.

思君千里 望眼欲穿 以表寸誠 幸勿負情

임 생각 천리 길에 바라보는 눈이 뚫어질 듯하오이다.
이로써 작은 정성을 바치오니 행여
이 정을 저버리지 마소서.

134

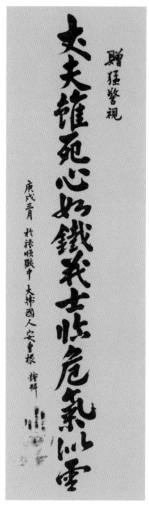

135.4cm×31.7cm, 숭실대학교 한국기독교박물관 소장

137.4cm×33cm, 안중근의사숭모회 소장

丈夫雖死心如鐵 義士臨危氣似雲

장부가 비록 죽을지라도 그 마음 쇠와
같고 의사가 위태로움에 이를지라도
그 기풍 구름 같도다.

博學於文 約之以禮

널리 글을 배우고 예법으로 몸단속을 한다.

『논어』 옹야 편에서 인용한 글이다.

제일강산

보물 제569-14호

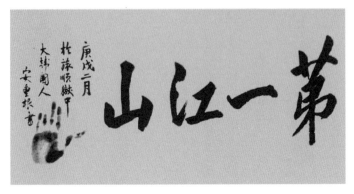

38.6cm×96.6cm, 숭실대학교 한국기독교박물관 소장

청초당

보물 제569-15호

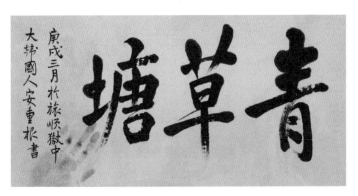

37.6cm×67cm, 해군사관학교박물관 소장

고막고어자시

보물 제569-16호

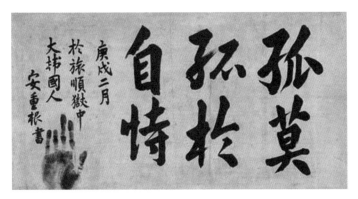

孤莫孤於自恃 스스로 잘난 척하는 것보다 더 외로운 것은 없다.

인지당

보물 제569-17호

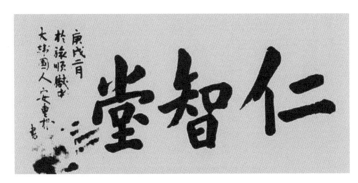

仁智堂 어질고 지혜로운 집.

인내

보물 제569-18호

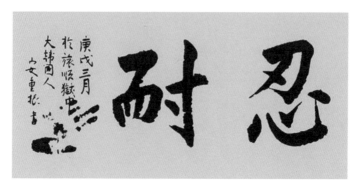

26.8cm×72.1cm, 김신화 소장

극락

보물 제569-19호

33.2cm×68.2cm, 안중근의사숭모회 소장

운재

보물 제569-20호

32.8cm×67.8cm, 안중근의사숭모회 소장

136.5cm×34cm, 단국대학교 석주선기념박물관 소장

149.3cm×38.5cm, 영주청, 안중근의사숭모회 소장

欲保東洋 先改政略 時過失機 追悔何及
동양을 보호하려면 먼저 정략을 고쳐야 한다.
때를 놓쳐 기회를 잃으면 후회한들 무엇하리오.

國家安危 勞心焦思
국가의 안위를 걱정하고 애태운다.
뤼순법관 검찰관 야스오카에게 증정한 유묵이다.

126.1cm×25.9cm, 영주천, 안중근의사숭모회 소장

136.8cm×32.2cm, 김화자 소장

爲國獻身 軍人本分
나라를 위하여 몸을 바침은 군인의 본분이다.
안중근 의사를 감호했던 일본군 지바 도시치에게 써 준 유묵이다.

天與不受 反受其殃耳
만일 하늘이 주는 것을 받지 않으면
도리어 벌을 받게 된다.
『춘추』의전에 나오는 '天與不取 反受其咎'와 같은 뜻이다.

언충신행독경 만방가행
보물 제569-25호

言忠信行篤敬 蠻邦可行
말에 성실과 신의가 있고,
행실이 돈독하고 경건하면
야만의 나라에서도 이를 따르리라.

임적선진 위장의무
보물 제569-26호

臨敵先進 爲將義務
적을 맞아 먼저 전진하는 것이
장수의 의무이다.

기타 유묵 31점

지사인인 살신성인

149.3cm×37.8cm, 안중근의사숭모회 소장

志士仁人 殺身成仁
높은 뜻을 지닌 선비와 어진 사람은
옳은 일을 위해 목숨을 버린다.

『논어』 위령공 편에 "지사와 어진 사람은 살기 위해
인을 해치는 일이 없고 몸을 죽여 인을 이룩한다(志士仁人
無求生以害仁 有殺身以成仁)"라는 공자의 말을 인용한 것이다.

빈여천 인지소오자야

120cm×42cm, 중국 뤼순감옥 소장

貧與賤 人之所惡者也
가난하고 천한 것은 사람들이 싫어한다.

『논어』 이인 편에 있는 글귀를 간결하게
재구성하여 사용했다.

백일막허도 청춘부재래

검산도수 참운난식

白日莫虛渡 靑春不再來
세월을 헛되이 보내지 말라.
청춘은 다시 오지 않는다.

劍山刀水 慘雲難息
검산과 칼물에 처참한 구름조차
쉬기 어렵다.

일출로소혜 정합운리
일영필측혜 불각기조

황금백만량 불여일교자

143cm×47cm, 일본인 소장

150cm×35cm, 대한민국역사박물관 소장

日出露消兮 正合運理 日盈必仄兮 不覺其兆
해가 뜨면 이슬이 사라지나니 천지의 이치에
부합되도다. 해가 차면 반드시 기우나니
그 징조를 깨닫지 못하다.

안중근숭모회 이사이자 전 동국대 총장인 황수영 박사가
일본에서 확인한 사진본이 안중근의사기념관에 전시되고 있다.

黃金百萬兩 不如一敎子
황금 백만 냥도 자식에게
하나의 가르침을 주는 것만 못하다.

『명심보감』 훈자 편에 "황금 한 궤짝이 자식에게 경서 한 권
가르치는 것만 못하다(黃金滿盈 不如敎子一經)"와 같은 뜻이다.

끽소음수 낙재기중

빈이무첨 부이무교

133cm×26.5cm, 일본인 소장

137cm×32cm, 려순 료카기념관 소장

喫蔬飲水 樂在其中
나물 먹고 물 마시니 그 속에 낙이 있다.
『논어』 술이 편에서 인용한 글로 일본인이 소장하고
있으며 안중근의사기념관에 사진본이 전시되고 있다.

貧而無諂 富而無驕
가난하되 아첨하지 않고 부유하되 교만하지 않는다.
『논어』 학이 편에 인용한 글이다.
일본인 료카가 뤼순 여행 중에 입수해 소장하고 있다.

자애실

自愛室

庚戌三月
於旅順獄中
大韓國人 安重根書

소장인 불명

경천

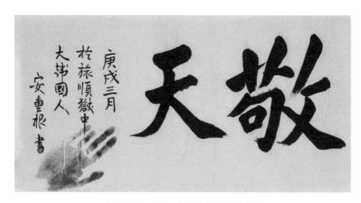

敬天

庚戌三月
於旅順獄中
大韓國人
安重根書

34cm×65.3cm, 천주교 서소문성지역사박물관 소장

일통청화공

37cm×41.1cm, 이인정 소장

日通淸話公 청나라말을 할 줄 아는 일본인 통역관. 날마다 맑은 이야기를 나누는 사람.

안중근 의사가 기요다 간수과장에게 써 준 것으로, 이인정 민화협 공동의장이 경매로 낙찰받아 기탁했다.

넌년점검인간사 유유동풍불세정

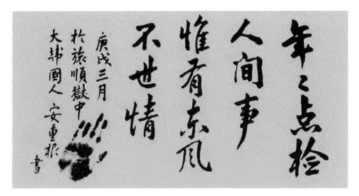

일본인 소장

年年點檢人間事 惟有東風不世情

해마다 세상일 헤아려보니 다만 봄바람만이 세태를 따르지 않네.

조선총독부 관리였던 고쿠부[國分]의 후손이 간직하고 있던 것을 도쿄 국제한국연구원 최서면 원장이
일본에서 확인한 사진본이 안중근의사기념관에 전시되고 있다.

인류사회 대표중임

언어무비보살 수단거개호랑

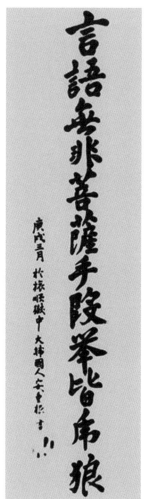

人類社會 代表重任
인류사회의 대표는 책임이 무겁다.

「안응칠 역사」와 「동양평화론」의 필사본을 소장한
시치조 기요미의 딸 시치조 미키코의
앨범 속에서 사진본으로 발견되었다.

言語無非菩薩 手段擧皆虎狼
말은 보살 아닌 것이 없건마는
하는 짓은 모두가 사납고 간특하다.

도쿄 국제 한국연구원 최서면 원장이 확인하여
사진본을 안중근의사기념관이 소장하고 있다.

약육강식 풍진시대　　　　　　　　　　불인자 불가이구처약

弱肉強食 風塵時代
강한 자가 약한 자를 잡아먹는 풍진시대다.

도쿄 국제 한국연구원 최서면 원장이 확인하여
사진본을 안중근의사기념관이 소장하고 있다.

不仁者 不可以久處約
어질지 못한 자는 궁핍한 곳에서 오래 못 견딘다.

『논어』이인 편에서 인용한 글이다.

민이호학 불치하문

敏而好學 不恥下問
민첩하고 아랫사람에게 묻는 것을 부끄러워 말라.
『논어』 공야장 편에서 인용한 글이다.

계신호기소부도

戒愼乎其所不睹
아무도 보지 않는 곳에서 근신한다.
『중용』에서 인용한 글이다.

통정명백 광조세계

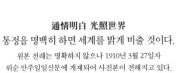

通情明白 光照世界
통정을 명백히 하면 세계를 밝게 비출 것이다.

원본 전래는 명확하지 않으나 1910년 3월 27일자
뤼순 만주일일신문에 게재되어 사진본이 전해지고 있다.

일한교의 선작소개

日韓交誼 善作紹介
한일 간의 교의는 소개가 잘 되어야 한다.

통역관 소노키에게 증정한 유묵이다.
소노키의 유족이 소장하고 있었으며,
도쿄 국제 한국연구원 최서면 원장을 통해 한국에 전해졌다.

와병인사절 차군만리행
하교불상송 강수원함정

천당지복 영원지락

臥病人事絶 嗟君萬里行 河橋不相送 江樹遠含情
나는 병석에 누워 일어나지 못하고 그대는
만리 먼 길 떠나가는가. 다릿목에 같이 나가
보낼 길 없고 강 언덕 나무숲에 정만 어렸도다.

天堂之福 永遠之樂
천당의 복은 영원한 즐거움이다.
천주교인 안중근 의사의
깊은 신앙심이 배어 있는 작품이다.

일근천하무난사

山不高而秀麗 水不深而澄淸 地不廣而平坦 林不大而茂盛
산은 높지 않으나 수려하고 물은 깊지 않으나 청결하고
땅은 넓지 않으나 평탄하고 숲은 크지 않으나 무성하다.

一勤天下無難事
부지런하면 천하에 어려운 것이 없다.

1910년 3월 26일자 만주일일신문에 사진본으로 보도되면서,
안중근 의사 유묵 중 가장 먼저 세상에 알려진 작품이다.

담박명지 영정치원

임수선어 불여퇴결망

135.6cm×32.3cm, 박인범 소장

김광언 소장

澹泊明志 寧靜致遠
담백한 밝은 뜻이 편안하고 고요하여
오래 전수된다.

臨水羨魚 不如退結網
물에 다다라 고기를 부러워함은
물러가서 그물을 뜨니만 못하다.

일본 고지현 출신 구 관동도독부 법원 율사 집안에 소장
되어 있던 것을 도쿄 국제 한국연구원 최서면
원장이 확인하고, 사진본으로 공개하였다.

장탄일성 선조일본

長歎一聲 先弔日本
크고 긴 탄식 한 소리로 먼저
일본의 멸망을 조문한다.

옛 대만총독부 관리를 역임한 도쿄 거주 일본인 집안에 있던 것을
김광만 PD가 확인하여 사진본으로 소개한 작품이다.

모사재인 성사재천

謀事在人 成事在天
일을 도모하는 것은 사람에게 달려 있고,
완성하는 것은 하늘의 뜻에 달려 있다.

나관중의 『삼국지연의』에서 제갈량이
사마의와 대치 중 소나기가 내려
계획을 이룰 수 없음을 탄식하면서 쓴 내용이다.

156

백세청풍

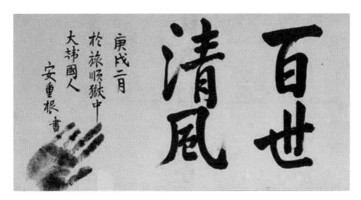

34cm×69cm, 일본인 사토 가즈오 소장

독립

31.8cm×66.2cm, 일본 간센지 소장. 교토 류코쿠대학에 위탁 보관
뤼순 감옥 간수 시타라 마사오가 안중근에게서 직접 받은 유묵이다.

149.3cm×38.5cm, 김자경 소장

人無遠慮 必有近憂
사람이 멀리 생각하지 않으면 가까운 곳에 근심이 생긴다.

『논어』위령공 편에 나오는 말로 중국 다롄 세관의 세무관으로 있던
카미무라 주텐이 안중근에게서 직접 받은 유묵이다.

제3장

텍스트로 읽는 안중근

안응칠 역사
1

1879년 기묘년 9월 2일(음력 7월 16일) 대한국 황해도 해주부 수양산 아래서 한 남자가 태어나니 성은 안이요, 이름은 중근, 자는 응칠이라 했다(성질이 가볍고 급해 중근이라 이름 지었고, 배와 가슴에 검은 점 일곱 개가 있어 응칠이라 불렀다).

할아버지는 존함이 인수이며 성품이 어질고 중후한 분이었는데, 살림이 넉넉했고 황해도에서 자선가로 이름이 유명하셨다. 일찍이 진해현감을 지내셨고, 슬하에 아들 여섯과 딸 셋을 두었다. 육형제는 맏이 태진, 둘째 태현, 셋째 태훈(나의 부친), 넷째 태건, 다섯째 태민, 여섯째 태순이다.

이 형제 분들 모두 글공부를 많이 했고 살림이 넉넉했다. 그 중에서도 아버님은 재주와 지혜가 뛰어나 여덟, 아홉 살 때 사서삼경을 통달하고, 열서너 살 때는 과거 문체인 사륙병려체를 익힐 정도였다. 어느 날 《자치통감》을 읽을 때 선생님이 책을 펴고 글자 하나를 가리키며 어린 아버님에게 물었다.

"이 글자에서부터 열 장 아래 있는 글자가 무슨 글자인지 알겠느냐?"

그러자 아버님은 한참 생각하다가 대답했다.

"알 수 있습니다. 그 글자는 필시 천(天)일 것입니다."

찾아보니 과연 그 말대로 천이었다. 선생님은 기특해하며 다시 물었다.

"이 책을 거꾸로 뒤집어 위로 올려도 알 수 있겠느냐?"

아버님이 다시 대답했다.

"예, 알 수 있습니다."

이렇게 시험하며 열 번 정도 물었으나 밑으로 내리거나 위로 올려도 마찬가지로 전혀 착오가 없었다. 그래서 이를 보고 듣는 사람들 중 칭찬하지 않는 이가 없었고 아버님은 신동이라 불리게 되었다. 그때부터 아버님의 명성은 먼 곳에 이르기까지 널리 퍼졌다. 아버님은 중년에 과거에 급제하여 진사가 되셨다. 그리고 장가들어 조 씨를 배필로 삼아 아들 셋과 딸 하나를 낳으셨다. 삼형제는 맏이 중근, 둘째 정근, 셋째 공근이다.

1884년 갑신년에는 경성에 가서 머무셨는데, 그때 박영효가 나라의 형세가 위험하고 어지러운 것을 몹시 걱정하여 정부를 혁신하고 국민을 개명하고자 했다. 그리하여 준수한 청년 칠십 명을 선발해 외국 유학을 보내려 했는데 아버님도 거기에 뽑히셨다.

그러나 슬프게도 정부의 간신배들이 박영효를 반역죄로 모함하여 병정을 보내 잡으려 하자, 박영효는 일본으로 도망쳤다. 그의 동지들과 학생들은 살육을 당하거나 붙잡혀 멀리 귀양을 가기도 했다. 아버님은 고향집으로 피신해 숨어 사셨다. 그러는 동안 할아버지와 의논하실 때면 이렇게 말씀하셨다.

"국사가 날로 그릇되어 가니, 부귀공명은 바랄 것이 못 됩니다."

그러던 어느 날

"이렇게 사느니 일찌감치 산에 살면서 구름 아래 밭이나 갈고 달밤에 고기나 낚으며 세상을 살아가는 것이 좋겠다."

하시더니, 집안 살림을 모두 팔아 가산을 정리하고 마차를 준비하여 칠, 팔십 명이나 되는 가족을 이끌고 신천군 청계동 산중으로 이사를 가셨다. 그곳은 지형이 험준하지만 논밭이 갖추어져 있고, 산과 강으로 둘러싸인 경치가 아름다워 그야말로 별유천지라 할 만했다. 그때 내 나이가 여섯, 일곱 살이었다.

나는 조부모님의 사랑을 받으며 한문학교에 들어가 팔, 구 년 동안 보통 학문을 익혔다. 열네 살이 되던 무렵 할아버지가 돌아가셨는데, 나를 사랑하고 길러 주시던 정을 잊을 수가 없어 심히 애통한 나머지 병을 앓다가 반년이나 지난 뒤 회복되었다.

어려서부터 취미가 사냥이었던 나는 언제나 사냥꾼을 따라다니며 산과 들에서 사냥을 했다. 차츰 커 가면서 총을 메고 산에 올라 새와 짐승을 사냥했는데, 그 때문에 학문에 힘을 쓰지 않아 부모님과 선생님이 엄하게 꾸짖기도 하셨다. 그런데도 나는 끝내 복종하지 않았다. 친한 친구들이 그런 나를 걱정하며 말했다.

"너희 아버지는 문장으로 세상에 이름을 드러내셨는데, 너는 어째서 장차 무식한 하등인이 되려고 하는 것이냐?"

나는 이렇게 대답했다.

"네 말도 맞다. 하지만 내 생각은 좀 다르다. 옛날 초패왕 항우가 말하기를 '글은 이름이나 적을 줄 알면 그만이다.'라고 했는데, 만고영웅 초패왕의 명예가 오히려 천추에 남아 전해지고 있지. 나도 학문으로 세상에 이름을 전하고 싶지는 않다. 항우도 장부요, 나도 장부다. 너희들은 다시는 더 권하지 마라."

3월의 어느 봄날이었다. 학생인 친구들과 함께 산에 올라 경치를 구경하다 층암절벽 위에 이르렀는데, 거기에 핀 꽃이 탐스러워 꺾으려다가 그만 발을 헛디뎠다. 나는 그대로 미끄러졌고, 몇 십 척 아래로 굴러 떨어져 어찌할 방법이 없었다. 정신을 바짝 차리고 보니 마침 나무 한 그루가 있기에 손을 내밀어 그것을 거머잡고 몸을 일으켰다. 용기 내어 일어나 사방을 둘러보니, 만일 두서너 자만 더 아래로 떨어졌더라면 수백 척 벼랑 아래로 떨어져 뼈는 부스러지고 몸은 가루가 되어 다시 살아날 여망이 없을 뻔 했다.

함께 있던 친구들은 산 위에 서서 얼굴이 흙빛이 되었다가 내가 죽지 않은 것을 보고 밧줄로 끌어 올려 주었는데, 상처가 한 군데도 나지 않고 등에 땀만 흠뻑 젖은 내 모습을 보고는 서로 손을 잡고 기뻐하며 천명에 감사했다. 그렇게 산을 내려와 집으로 돌아오니 이것이 처음으로 어려운 고비에서 죽음을 면한 사건이었다.

2

1894년 갑오년, 내 나이 열여섯에 아내 김아려에게 장가들어 아들 둘과 딸 하나를 두었다. 그 무렵 한국 각 지방에서는 이른바 동학당(오늘날 일진회의 뿌리)이 곳곳에서 벌떼처럼 일어나 외국인을 배척한다는 핑계로 군현을 횡행하면서 관리들을 죽이고 백성의 재산을 약탈했다(이것은 한국이 장차 위태롭게 될 기초를 마련했는데, 이 사건이 일본, 청나라, 러시아가 전쟁을 일으키는 단초가 되었기 때문이다). 관군이 그들을 진압할 수 없었기 때문에 청나라 군대가 들어왔고, 그러자 일본 군대도 건너와 양국이 서로 충돌하면서 마침내 큰 전쟁이 일어나고 만 것이다.

그때 아버님은 동학당의 횡포를 견디기 어려워 동지들을 모으고 격문을 뿌려 의병을 일으키셨다. 포수들을 불러 모으고 처자들까지 부대에 편입시켜 보니 정병이 무려 칠십여 명이나 되었다. 의병은 청계산에 진을 치고 동학당에 항거하였다. 그때 동학당의 괴수 원용일이 휘하에 이만여 명을 이끌고 기세도 당당하게 쳐들어왔는데, 깃발과 창과 칼이 햇빛을 가리고 북 소리, 호각 소리, 고함 소리가 천지를 뒤흔들었다. 그러나 의병은 그 수가 칠십여 명을 넘지 못했기 때문에, 세력으로 따지면 마치 달걀로 바위를 치는 격과 같았다. 사람들은 모두 놀라 겁을 먹고 어찌할 줄을 몰랐다.

때는 12월 겨울철이라 갑자기 동풍이 불고 큰 비가 쏟아져 지척을 분간하기 어려웠다. 그러자 갑옷이 모두 젖어 찬 기운이 몸에 밴 동학군은 어쩔 수 없이 십 리쯤 되는 마을로 내려와 진을 치고 밤을 지새우는 모양이었다. 그날 밤 아버님은 여러 장수들과 함께 의논하며 말씀하셨다.

"만일 내일까지 앉은 자리에서 적병의 포위 공격을 받게 되면 적은 군사로 많은 적군을 대항하지 못할 것이 빤하다. 그럴 바에야 오늘 밤 먼저 나가 적병을 습격하는 것이 더 낫다."

그러고는 곧 기습 계획을 세우셨다.

닭이 울자 새벽밥을 지어 먹고는 정예 병사 사십 명을 뽑아 출발시키고 남은 병사들은 본동을 수비하게 했다. 그때 나는 동지 여섯 명과 함께 선봉 겸 정탐독립대에 자원해 앞서 나아가 수색하면서 적병 대장이 있는 곳 지척에 다다랐다. 숲 사이에 숨어 엎드린 채 적진의 동정을 살펴보니, 깃발이 바람에 펄럭이고 불빛이 하늘에 치솟아 대낮 같은데 사람과 말들이 소란스러워 도무지 기율이 없어 보였다. 나는 동지들을 돌아보며

"만일 지금 적진을 습격하기만 하면 반드시 큰 공을 세울 것이다."

라고 했더니 모두들 말했다.

"얼마 안 되는 나약한 의병들이 어찌 적의 수만 대군을 대적할 수 있겠는가?"

나는 다시 대답했다.

"그렇지 않다. 병법에 이르기를 '적을 알고 나를 알면 백 번 싸워 백 번 이

긴다.'라고 했다. 내가 적의 형세를 보니 규율도 없고 질서도 없는 군중 같다. 우리 일곱 사람이 마음을 같이 하고 힘을 합하기만 하면 저런 난당은 무리가 백만이라 해도 겁날 것이 없다. 아직 날이 밝지 않았으니 기습 작전으로 쳐들어가면 파죽지세로 몰아갈 수 있을 것이다. 그대들은 망설이지 말고 내 방략대로 좇으라."

이에 모두들 응낙하여 계획을 완전하게 세웠다.

호령 한마디에 일곱 사람이 일제히 적진의 대장소를 향해 사격을 시작하니 포성이 벼락처럼 천지를 진동하고 탄환이 우박처럼 쏟아졌다. 적병들은 전혀 대비하지 못했기 때문에 미처 손을 쓸 수 없어, 몸에 갑옷도 입지 못하고 손에 무기도 들지 못한 채 서로 밀치고 밟으며 산과 들로 흩어져 달아났다. 우리는 승기를 잡고 추격에 나섰다.

이윽고 동이 트면서 적병은 그제야 아군의 세력이 고립되고 약한 줄을 알아차리고 사면에서 에워싸며 공격해왔다. 형세가 매우 위급해져 좌충우돌했으나 몸이 빠져 나올 길이 없었다. 그때 갑자기 등 뒤에서 포성이 크게 울리면서 한 부대가 달려와 공격하자 적병들이 포위망을 풀고 달아나 마침내 빠져 나올 수 있었다. 본진의 후원병들이 와서 응원하여 함께 싸워 준 것이었다.

양 진이 합세하여 추격하자 적병은 사방으로 흩어져 멀리 도망쳤다. 전리품을 거두니 병기와 탄약이 수십 바리요, 말도 그 수를 헤아릴 수 없었으며 군량은 천여 포대나 되었다. 적병의 사상자는 수십 명이었지만 우리 의병들은 한 사람도 다치지 않았다. 우리는 천은에 감사하며 만세를 세 번 부르고 본동에 개선하여 본도 관찰부에 승리의 첩보를 알렸다. 이때 일본 위관 스즈키가 군대를 이끌고 지나가다 이를 보고 서신을 보내 축하의 뜻을 표했다. 이로부터 적병이 소문만 듣고도 멀리 달아나 다시는 싸울 일이 없어졌고 차츰 잠잠해져서 나라 안이 태평해졌다.

나는 그 싸움을 치르고 나서 무서운 병에 걸려 고통 받다가 두서너 달 후 겨우 죽음을 면하고 소생했다. 그때부터 지금에 이르도록 십오 년 동안 잔병치레 한 번 하지 않았다.

아! 토끼 사냥에 애쓴 개를 사냥이 끝난 후 잡아먹으려 들고, 내를 건널 때 요긴하게 쓴 지팡이를 건너가서는 모래바닥에 동댕이친다고 했던가. 이 듬해 을미년 여름 어떤 손님 두 사람이 찾아와 아버님에게 이렇게 말했다.

"작년 전쟁 때 실어 온 천여 포대 곡식은 그것이 동학당들의 물건이 아니오. 본래 그 절반은 현 탁지부 대신 어윤중이 사두었던 것이고, 남은 절반은 전 선혜청 당상 민영준의 농장에서 추수해 들인 곡식이니 지체하지 말고 그 수량대로 돌려 드리시오."

아버님은 웃으며 대답하셨다.

"어 씨, 민 씨 두 분의 쌀은 내가 알 바 아니오. 동학당들의 진중에 있던 것을 직접 **빼앗아** 온 것이니 그대들은 무리한 말을 다시는 하지 마시오."

그러자 두 사람은 아무 말도 없이 돌아갔다.

하루는 경성에서 급히 편지 한 장이 왔다. 그 편지를 열어보니 이러한 내용이 적혀 있었다(그 편지는 김종한이 보낸 것이었다).

"지금 탁지부 대신 어윤중과 민영준 두 사람이 잃어버린 곡식 포대를 찾을 욕심으로 황제 폐하께 무고로 아뢰되 '안 아무개가 막중한 국고금과 무역해 들인 쌀 천여 포대를 까닭 없이 도둑질해 먹었기 때문에 사람을 시켜 탐사해 본 즉, 그 쌀로 병정 수천 명을 길러 음모를 꾸미려 하고 있사오니 만일 군대를 보내어 진압하지 않으면 국가에 큰 환난이 있을 것입니다.'라고 하여 곧 군대를 파견하려 하고 있으니 그렇게 알고 빨리 올라와 선후 방침을 꾀하도록 하시오."

아버님이 편지를 읽고 곧장 길을 떠나 경성에 이르러 보니 과연 그 말과 같았다. 그리하여 사실을 들어 법원에 호소하고 두서너 번이나 재판을 받았으나 끝내 판결을 보지 못했다. 이에 김종한 씨가 정부에 의견을 내어 탄원했다.

"안 아무개는 본래 도적의 류가 아닐뿐더러 의병을 일으켜 도적들을 무찌른 국가의 큰 공신이니 마땅히 그 공훈을 표창해야 할 일이거늘 어찌 당치도 않은 말로 모함할 수가 있겠습니까."

그러나 어윤중은 끝내 들어주지 않더니 뜻밖에 민란을 만나 난민들의 돌에 맞아 참혹하게 죽었다. 그렇게 그의 모략도 끝나고 말았다. 독사를 피하니 맹수가 다시 나오는 격으로, 이번에는 민영준이 새로 일을 꾸며 해치려 들었다. 민 씨는 세도가였기 때문에 사태가 위급해지고 어찌할 방법이 없게 되었다. 다행히 프랑스 신부가 있는 천주교 성당으로 피신해 몇 달 동안 신부님의 도움을 받았고, 그 덕분에 민 씨의 일도 해결되고 아버님도 무사하게 되었다.

그러는 동안 성당 안에 오래 머물며 신부님의 강론도 듣고 성서도 많이 읽어 진리를 깨달은 아버님은 신자가 되셨다. 그 후 복음을 전파하고자 성당에서 학식이 있는 이보록이라는 사람과 함께 많은 경서를 가지고 고향으로 돌아오셨다.

　그때 나는 열일곱, 열여덟 살쯤이라 젊고 힘이 세며 기골이 빼어나 남에게 뒤지지 않았다. 내가 평생 남달리 즐겨 하던 일이 네 가지 있었으니 첫째는 친구와 의를 맺는 것이요, 둘째는 술 마시고 노래하고 춤추는 것이요, 셋째는 총으로 사냥하는 것이요, 넷째는 날랜 말을 타고 달리는 것이었다. 그래서 의협심 있는 사나이다운 사람이 어디에 산다는 말만 들으면 먼 곳 가까운 곳을 가리지 않고 언제나 총을 들고 말을 달려 찾아갔다. 과연 그가 동지가 될 만하면 강개한 이야기로 토론하고 유쾌하게 실컷 술을 마시며, 취하면 노래하고 춤추거나 기생방에서 놀기도 했다. 그리고 기녀에게 이렇게 말하곤 했다.

　"너의 절묘한 자색으로 호걸 남자와 짝을 지어 같이 늙는다면 그 얼마나 좋은 일이냐? 너희들이 그렇지 못하고 돈에 팔려 침을 흘리고 정신을 잃고 염치 불고하며 오늘은 이 남자, 내일은 저 남자 하면서 짐승 같은 행동을 하면 되겠느냐?"

　기녀들이 내 말을 귀담아 듣지 않고 미워하는 빛이나 공손하지 않은 태도를 보이면 나는 욕을 퍼붓기도 하고 때리기도 했기 때문에 친구들은 나를 '번개입(電口)'이라는 별명으로 불렀다.

　하루는 동지 여섯 일곱 사람과 산에 가서 노루 사냥을 하는데 탄환이 총구멍에 걸려 뺄 수도 넣을 수도 없어 쇠꼬챙이로 총구멍을 뚫으려고 주저 없이 마구 쑤셨다. 그랬더니 '꽝' 하고 터지는 소리에 혼비백산하여 머리가 붙어 있는지 없는지, 목숨이 살았는지 죽었는지 모를 지경이었다. 이윽고 정신을 차려 자세히 살펴보니 탄환이 폭발하여 쇠꼬챙이가 총알과 함께 내 오른손을 뚫고 공중으로 날아간 것이었다. 나는 곧 병원으로 가서 치료를 받았다.

그로부터 지금까지 십 년 동안 꿈에서라도 그때 놀랐던 일이 생각나면 모골이 송연해진다. 그 뒤에도 다른 사람이 엽총을 잘못 쏘아 산탄 두 개를 등에 맞은 일이 한 번 있었으나, 중상은 아니었고 총알을 금방 빼내어 나왔다.

3

그 무렵 아버님이 널리 복음을 전파하고 원근에 권면한 까닭에 입교하는 사람들이 날로 늘어갔다. 우리 가족도 모두 천주교를 믿게 되었는데, 나 역시 입교하여 프랑스인 선교사 빌렘(홍석구) 신부에게 세례를 받고 세례명을 도마라 했다. 성서 강습을 받고 교리에 대해 토론하면서 여러 달이 지나자 신앙이 차츰 굳어졌고, 독실하게 천주와 예수 그리스도를 숭배하게 되었다.

그렇게 날이 가고 달이 가서 몇 해가 지났다. 그때 교회의 사무를 확장하고자 나는 홍 신부와 함께 여러 마을을 다니며 사람들을 권면하고 전도하면서 군중에게 연설했다.

형제들이여, 내가 할 말이 있으니 꼭 들어주십시오. 만일 어떤 사람이 혼자서만 맛있는 음식을 먹고 그것을 가족에게 나눠주지 않는다거나, 또 재주를 간직하고서 남을 가르쳐 주지 않는다면 그것을 과연 동포의 정이라 할 수 있겠습니까? 지금 내게 별미가 있고 기이한 재주가 있는데 이 음식은 한번 먹기만 하면 장생불사하는 음식이요, 또 이 재주를 한번 통하기만 하면 능히 하늘로 날아 올라갈 수 있는 것이기 때문에 그것을 가르쳐 드리려는 것입니다.

여러 동포들은 귀를 기울이고 들어주십시오.

무릇 천지 만물 가운데 오직 사람만이 가장 귀하다고 하는 것은 혼이 신령하기 때문입니다. 혼에는 세 가지가 있는데, 첫째는 생혼(生魂)이니 그것은 초목의 혼으로서 능히 생장하는 혼이요, 둘째는 각혼(覺魂)이니 그것은 금수의 혼으로서 능히 지각하는 혼이요, 셋째는 영혼(靈魂)이니 그것은 인간의 혼으로서 능히 생장하고 지각하며, 시비를 분별하고 도리를 추론하며 만물을 맡아 다스릴 수 있는 혼입니다. 그렇기 때문에 오직 사람이 가장 귀한 존재라는 것입니다.

만일 사람에게 영혼이 없다면 육체만으로는 짐승만 같지 못할 것입니다. 왜 그런가 하면 짐승은 옷이 없어도 추위를 견디고 직업이 없어도 먹을 수 있으며, 날 수도 있고 달릴 수도 있어 재주와 용맹이 사람보다 더 낫기 때문입니다. 그러나 수많은 동물이 사람에게 지배를 받는 까닭은 그것들의 혼이 신령하지 못하기 때문입니다.

그러므로 영혼의 귀중함은 이것을 미루어 보아도 알 수 있는 일입니다. 이른바 천명의 본성이란 지극히 높으신 천주께서 사람의 태중에서부터 부어주는 것으로서 영원무궁하고 죽지도 멸하지도 않는 것입니다.

그렇다면 천주는 누구입니까? 한 집안에 집 주인이 있고, 한 나라에 임금이 있듯 이 천지 위에는 천주가 계십니다. 그분은 시작도 없고 끝도 없이 삼위일체로서(성부, 성자, 성령이니 그 뜻이 깊고 커서 아직 해석하지 못함) 모든 지혜와 능력과 선함, 지극한 공의와 의로움으로 천지 만물, 일월성신을 만들어 이루십니다. 착하고 악한 것을 상 주고 벌하시는 분은 오직 하나요 둘이 아니니, 바로 이 큰 주재자가 천주이십니다.

    만일 한 집안의 아버지가 집을 짓고 재산을 마련하여 그 아들에게 나누어 주면서 마음껏 쓰게 했는데, 아들이 제가 잘난 척 생각하고 어버이를 섬길 줄 모른다면 불효막심한 그 죄가 무겁다 할 것입니다. 한 나라의 임금이 정치를 공정히 하고 백성들의 생업을 보호하여 모든 백성이 태평을 누릴 수 있게 되었는데, 백성이 그 명령에 복종할 줄 모르고 충군애국하는 마음이 전혀 없다면 그 죄 또한 가장 무겁다 할 것입니다.

    그런데 이 천지 가운데 큰 아버지요 거룩한 임금이신 천주께서 하늘을 만들어 우리를 덮어 주시고 땅을 만들어 우리를 떠받쳐 주시며, 해와 달과 별들을 만들어 우리를 비추어 주시고 또 만물을 만들어 우리로 하여금 쓰게 하시니 실로 그 크신 은혜가 그토록 막대한데, 만일 사람들이 제가 잘난 척 충효를 다하지 못하고 근본을 보답하는 의리를 잊어버린다면 그 죄는 비길 데 없이 큰 것입니다. 이 어찌 두려운 일이 아니며 삼갈 일이 아니겠습니까? 그러므로 공자도 말하기를 '하늘에 죄를 지으면 용서를 빌 데도 없다.'라고 했습니다.

    천주님은 지극히 공정하시어 착한 일을 하면 갚아 주지 않는 일이 없고, 악한 일에 벌하지 않는 일이 없으십니다. 공죄(公罪)의 심판은 죽는 날 판결 나는 것이라 착한 사람의 영혼은 천당에 올라가 영원무궁한 즐거움을 누리는 것이요, 악한 사람의 영혼은 지옥으로 떨어져 영원히 끝도 없는 고통을 받게 되는 것입니다. 한 나라의 임금도 상을 주고 벌을 주는 권리를 가졌거늘 하물며 천지를 다스리는 거룩한 큰 임금님은 어떠하겠습니까?

그렇다면 어째서 천주님께서는 살아 있는 현세에서 착하고 악한 것을 상주고 벌하지 않으시냐고 하겠지만, 그것은 그렇지 아니합니다. 이 세상에서 주는 상벌은 한정되어 있지만 선악에는 한이 없습니다. 만일 어떤 사람이 한 사람을 죽여 시비를 판별할 적에 죄가 없으면 그만이겠지만, 죄가 있더라도 그 한 사람만 다스리는 것으로 족할 것입니다. 그러나 어떤 사람이 수천만 명을 죽인 죄가 있을 적에 어찌 그 한 몸뚱이만 가지고 대신할 수 있겠습니까? 또 만일 어떤 사람이 수천만 명을 살린 공로가 있을 적에 어찌 짧은 세상의 영화로 그 상을 다 받았다고 할 수 있겠습니까?

더구나 사람의 마음이란 때를 따라 변하는 것이어서 혹 지금은 선하다가도 다음에 악한 일을 저지르고, 혹 오늘은 악하다가도 내일은 선하게 되는 것이니 만일 그때마다 선악에 상벌을 주기로 한다면 인류는 이 세상을 견뎌내기 어려울 것이 분명합니다. 또 이 세상에서 받는 벌은 그 몸을 다스릴 수는 있어도 그 마음까지 다스릴 수는 없는 것이나, 천주님이 내리시는 상벌은 그렇지 아니합니다.

모든 지혜와 능력과 선함, 지극한 공의와 의로움을 지니셨기 때문에 사람의 목숨을 너그러이 기다려 주셨다가 세상을 마치는 날 선악의 경중을 심판한 후 죽지도 멸하지도 않는 영혼으로 하여금 영원무궁한 상벌을 받게 하는 것입니다. 상은 천당의 영원한 복이요, 벌은 지옥의 영원한 고통입니다. 천당에 오르고 지옥에 떨어지는 것은 한번 정해지면 다시는 변하지 않습니다.

아! 사람의 목숨은 오래 살아야 백 년을 넘기지 못하는 것입니다. 또 어진 사람이나 어리석은 사람이나 귀하고 천함을 가릴 것 없이 누구나 알몸으로 이 세상에 태어났다가 알몸으로 저 세상으로 돌아가는 것이니 이것이 이른 바 빈손으로 왔다가 빈손으로 돌아간다는 말입니다. 세상 일이 이 같이 헛된 것인데 이미 그런 줄 알면서 왜 허욕의 구렁텅이에서 허우적거리며 악한 일을 하고도 깨닫지 못하는 것인지 나중에 뉘우친들 무엇 하겠습니까?

만일 천주님의 상벌도 없고 또 영혼도 몸이 죽을 때 같이 따라 없어진다면 잠깐 사는 세상에서 잠깐 동안의 영화를 꾀할 수도 있겠지만, 영혼이란 죽지 않고 없어지지도 않으며 천주님의 지극히 높은 권능은 불을 보는 것처럼 명확합니다. 옛날 요 임금이 말하기를 '저 흰 구름을 타고 제향에 이르면 무슨 생각을 더 하리오.'라고 했고, 우 임금이 말하기를 '삶이란 붙어 있는 것이요, 죽음이란 돌아가는 것이라.'라고 했으며, 또 말하기를 '혼은 올라가는 것이요, 넋은 내려가는 것이라.'라고 했으니, 이것은 영혼이 멸하지 않는다는 뚜렷한 증거라 할 수 있습니다.

만일 사람이 천주님의 천당과 지옥을 보지 못했다고 해서 천당과 지옥이 있다는 것을 믿지 않는다면, 그것은 마치 유복자가 아버지를 보지 못했다고 해서 아버지의 존재를 믿지 않는 것과 같습니다. 소경이 하늘을 보지 못한다고 해서 하늘에 해가 존재한다는 것을 안 믿는 것과 무엇이 다르겠습니까? 화려한 집을 보면서 그 집을 지을 때 보지 않았다고 해서 그 집을 지은 목수가 있었던 것을 믿지 않는다면 이 어찌 웃음거리가 되지 않겠습니까?

지금 저 하늘과 땅, 해와 달과 별들과 같이 광대한 것과, 날고 달리는 동식물 등 기기묘묘한 만물이 어찌 조물주 없이 저절로 생성되었겠습니까? 만일 저절로 생성되었다면 해와 달과 별들이 어떻게 어김없이 운행될 수 있으며, 봄, 여름, 가을, 겨울이 어떻게 틀림없이 질서 있게 운행될 수 있겠습니까? 집 한 칸, 그릇 한 개도 그것을 만든 사람이 없다면 생길 수 없는 것인데, 하물며 바다와 육지에 허다한 기계들이 그것들을 주관하는 이 없이 어떻게 저절로 운전될 리가 있겠습니까?

그러므로 믿고 안 믿는 것은 보고 못 본 것에 달린 것이 아니라 이치에 맞고 안 맞는 것에 달렸을 따름입니다. 이러한 몇 가지 증거를 통해 지극히 높으신 천주님의 은혜와 위엄을 확실히 믿어 의심하지 아니하고 몸을 바쳐 신봉하며 만일을 준비하는 것이야말로 우리 인간들의 당연한 본분입니다.

지금으로부터 1800여 년 전에 지극히 어지신 천주님이 이 세상을 불쌍히 여겨 만인의 죄악을 속죄하여 구원해 내고자 천주님의 둘째 자리인 성자를 동정녀 마리아의 뱃속에 잉태시켜 유태 나라 베들레헴에서 탄생케 하였으니, 사람들은 그를 예수 그리스도라 했습니다. 세상에 머문 삼십 삼 년 동안 그는 사방을 두루 다니면서 사람들을 보고 그 허물을 뉘우치게 하며 놀라운 기적을 많이 이루었습니다. 소경이 눈을 뜨고, 벙어리가 말을 하고, 귀머거리가 소리를 듣고, 앉은뱅이가 걷고, 문둥이가 낫고, 죽은 사람이 되살아나니 원근에 이 소문을 듣고 따르지 않는 사람이 없었습니다.

그 중에서 열두 사람을 가려 제자로 삼고 또 특히 한 사람을 뽑았는데, 그의 이름은 베드로입니다. 그를 교종으로 삼아 장차 예수 자신의 자리를 대신하게 하고자 권한을 맡기고 규칙을 정해 교회를 세웠던 것입니다. 지금 이탈리아 로마 교황청에 계신 교황은 베드로에게서부터 전해 내려오는 자리로, 오늘날 세계 각국의 천주교인들이 우러러 받들고 있습니다.

그 당시 유태국 예루살렘 성 안에서 옛 종교를 믿던 사람들이 예수의 선행을 미워하고 그 권능을 시기하여, 무고로 잡아다가 무수한 악형과 천만 가지 고난을 가했습니다. 그런 다음 십자가에 못을 박아 공중에 매달았는데, 그때 예수는 하늘을 향해 '만인의 죄악을 용서해 주십시오.'라고 기도하며 큰 소리를 한 번 지른 뒤에 마침내 숨을 거두었습니다. 그때 천지가 진동하고 햇빛이 어두워지니 사람들은 모두 놀라 '하느님의 아들'이라 일컬었고 제자들은 그의 시신을 거두어 장사를 지냈습니다.

예수는 사흘 뒤에 다시 살아나 무덤에서 나와 제자들 앞에 나타났고, 사십 일 동안 같이 지내며 죄를 사하는 권한을 전해 주고는 이들을 떠나 하늘로 올라갔습니다. 제자들은 하늘을 향해 예배를 드리고 돌아와 세계를 두루 다니며 천주교를 전파하니, 오늘에 이르기까지 이천 년 동안 신도들이 몇 억만 명인지, 천주교의 진리를 증거하고 천주님을 위하여 목숨을 바치려는 사람들이 몇 백만 명인지 모릅니다.

지금 세계 문명국의 박학다식한 신사들도 천주와 예수 그리스도를 믿지 않는 사람이 없습니다. 그러나 현실을 보면 위선적인 종교도 대단히 많은데 이것은 예수가 미리 제자들에게 예언하신 것입니다. 그는 '뒷날 반드시 위선자가 있어 내 이름으로 민중을 현혹시킬 것이니, 너희들은 삼가 그런 잘못에 빠져들지 말라. 천국으로 들어가는 문은 다만 천주교회의 문 하나밖에 없다.'라고 했습니다.

바라건대 우리 대한의 모든 동포 형제, 자매들은 크게 깨닫고 용기를 내어 지난날의 허물을 깊이 참회함으로써 천주님의 의로운 자녀가 되십시오. 그리하여 현세를 도덕의 시대로 만들어 함께 태평을 누리다가, 죽은 뒤 천당에 올라 상을 받고 영원무궁한 복을 함께 누리기를 천만 번 바랍니다.

이와 같이 설명했는데 듣는 사람들 중에 믿는 이도 있었고 믿지 않는 이도 있었다.

4

그때 천주교회는 차츰 확장되어 교인이 수만 명에 가까웠고 황해도에는 선교사 여덟 분이 와서 머물고 계셨다. 나는 그때 홍 신부에게 프랑스어를 몇 달 동안 배우고 있었다. 홍 신부와 서로 의논할 때 내가 말했다.

"지금 한국 교인들은 학문에 어두워 교리를 전하는 데 어려움이 큽니다. 사정이 이러하니 앞날 국가 대세야 말하지 않아도 생각할 만합니다. 서울의 천주교 최고 책임자인 뮈텔(민) 주교에게 말씀해서 유럽의 수사님들 가운데 박학한 선비 몇 사람을 초빙해 대학교를 설립하고, 재주가 뛰어난 국내 자제들을 교육한다면 몇 십 년 안에 반드시 큰 효과가 있을 것입니다."

이에 계획을 세워 홍 신부와 함께 곧 서울로 가서 뮈텔 주교를 만났다. 그리고 그 의견을 말씀드렸더니 주교님은 이렇게 답하셨다.

"만일 한국인이 학문에 밝게 되면 천주교를 믿는 데 좋지 않을 것이니 다시는 그런 의견을 꺼내지 마시오."

나는 두 번 세 번 권했으나 끝내 들어주지 않으므로 어찌할 길이 없어 고향으로 돌아오긴 했지만, 이 일이 있은 후 분개함을 참지 못하고 마음속으로 맹세했다.

'천주교의 진리는 믿을지언정 외국인의 심정은 믿을 것이 못 된다.'

그러고는 프랑스어 배우던 것도 중단하고 말았다. 친구가 물었다.

"왜 배우지 않는가?"

"일본어를 배우는 자는 일본의 종놈이 되고, 영어를 배우는 자는 영국의 종놈이 되네. 내가 프랑스어를 배우다가는 프랑스 종놈을 면치 못할 것이니 배우지 않는 것이네. 만일 우리 한국이 세계에 국력을 떨친다면 세계 사람들이 한국어를 통용할 것이니 자네는 조금도 걱정하지 말게."

내가 이렇게 대답했더니 그는 할 말이 없는지 물러갔다.

그 당시 이른바 금광의 감리인 주아무개라는 사람이 천주교를 비방하여 피해가 적지 않았으므로 내가 총대표로 선정되어 주가가 있는 곳을 찾아가게 되었다. 그에게 사리를 들어 따지고 질문을 하고 있는데, 금광 일꾼들 사오백 명이 제각기 몽둥이와 돌을 들고 와 옳고 그른 것을 묻지도 않고 두들겨 패려고 달려들었다. 그것이 바로 법은 멀고 주먹은 가깝다는 것인데, 위급하여 어찌할 길이 없었다.

나는 오른손으로 허리춤에 차고 있던 단도를 뽑아 들고 왼손으로는 주가의 오른손을 잡고 큰소리로 꾸짖었다.

"네가 비록 백만 명 무리를 가졌다 해도 네 목숨은 내 손에 달렸으니 알아서 해라."

그랬더니 주가가 크게 겁을 먹고 좌우 사람들을 꾸짖어 물러서게 하므로 위기를 모면했다. 나는 주가의 오른손을 잡은 채로 문 밖으로 끌고 나와 십여 리를 동행한 뒤 놓아 주고 마침내 나도 빠져 나올 수 있었다.

그 뒤 나는 만인계(채표회사, 일종의 복권회사 - 옮긴이 주) 사장에 피선되었다. 출표식을 거행하는 날 먼 곳 가까운 곳 가릴 것 없이 여기저기서 참석해 온 사람들 수만 명이 추첨장 앞뒤 좌우에 늘어서 인산인해를 이루었다. 채표를 뽑는 장소는 가운데 있었는데 그 곁에 여러 임원이 있었고, 순검이 네 문을 지키며 보호해 주고 있었다.

그때 표 뽑는 기계가 고장 나서 표 대여섯 개가 한꺼번에 쏟아져 나왔다 (표는 매번 한 개씩 나오는 것이 규례이다). 이를 본 수만 명이 시비곡직은 가리지 않고 조작한 것이라고 고함을 지르며 돌멩이와 몽둥이를 비 오듯 던져 댔다. 경계하며 지키던 순검들이 사방으로 흩어져 달아나고 일반 임원들도 다친 사람이 수없이 많았다. 저마다 살기 위해 도망치고 남아 있는 사람은 나 한 사람뿐이었다. 사람들이 "사장을 쳐 죽여라."라고 고함을 지르면서 일제히 몽둥이를 들고 돌을 던지며 달려오니 위급하여 목숨이 경각에 달렸다.

문득 생각해 보니 만일 사장이라는 자가 한번 도망을 간다면 회사 사무는 돌아볼 여지도 없을 것이요, 더구나 뒷날 명예가 어찌될 것인지 말하지 않아도 알 수 있는 일이었다. 그러나 손 쓸 도리가 없는 상황이라 급히 행장 속에서 총 한 자루를 꺼내 오른손에 들고 추첨장 단상 위로 올라가 사람들을 향해 크게 외쳐 말했다.

"왜 이러시오, 왜 이러시오! 잠깐 내 말을 들어보시오. 무엇 때문에 나를 죽이려 하는 것이오? 여러분이 시비곡직도 가리지 않고 소란을 피우며 난동을 부리니 세상에 어찌 이 같은 야만스러운 행동이 있단 말이오? 여러분이 나를 해치려고 하는데, 그러나 나는 죄가 없소이다. 어찌 까닭 없이 목숨을 버릴 수 있겠소? 나는 결코 죄 없이 죽지는 않을 것이오. 만일 나와 목숨을 겨룰 자가 있으면 당당히 앞으로 나서시오."

그렇게 외치자 사람들이 모두 겁을 집어먹고 물러나 흩어지며 다시는 더 떠드는 자가 없었다.

그때 한 사람이 밖에서부터 수만 명이 에워싼 위를 뛰어 넘어 오는데 빠르기가 나는 새와 같았다. 그는 내 앞에 다가서더니 이렇게 꾸짖었다.

"너는 사장이 되어가지고 수만 명을 초청해 놓고 이렇게 사람을 죽이려는 것이냐?"

문득 그 사람을 보니 신체가 건장하고 기골이 빼어나며 목소리도 우렁차 과연 일대 영웅이라 할 만했다. 나는 단상 아래로 내려와 그의 손을 잡고 인사하며 말했다.

"형씨! 형씨! 노여워 말고 내 말을 들으시오. 지금 사세가 이렇게 된 것은 내 본뜻이 아니오. 이러저러한 이유로 일이 일어난 것인데 난동 부리는 무리들이 공연히 소란을 일으킨 것이오. 형씨가 내 위태로운 목숨을 살려 주시오. 옛 글에도 죄 없는 사람 하나를 죽이면 그 재앙이 천세에 미치고 죄 없는 사람 하나를 살려 주면 그 음덕의 영화가 만대에 미친다고 했소이다. 성인이라야 능히 성인을 알고 영웅이라야 능히 영웅과 사귈 수 있는 것이오. 나와 오늘부터 백 년의 교분을 맺는 것이 어떠하오?"

그러자 그는 "좋소." 하고는 사람들에게 큰 소리로 말했다.

"사장은 아무런 죄가 없소. 만일 사장을 해치려는 자가 있으면 내 주먹으로 때려죽여 버릴 것이오."

말을 마치고 두 손으로 군중을 헤치고 나가는데 형세가 마치 파도와 같아서 사람들이 모두 흩어졌다. 나는 비로소 마음을 놓고 다시 단상으로 올라가 큰 소리로 사람들을 불러 모아 안정시킨 뒤 타이르며 설명했다.

"오늘 문제가 된 일들은 이렇고 저렇고 간에 별로 허물될 것이 없고 공교롭게도 기계 고장으로 생긴 일이니 원컨대 여러분도 용서해 주는 것이 어떠하오?"

그러자 사람들도 모두 좋다고 했다. 나는 다시 말했다.

"그러면 오늘 출표식 거행은 마땅히 처음부터 다시 해야 남의 비웃음을 면할 수 있을 것이오. 그러니 속히 다시 거행하여 끝내는 것이 어떻겠소?"

사람들이 모두 손뼉을 치며 응낙하므로 마침내 식을 계속 거행하여 무사히 끝마치고 헤어졌다.

그때 그 은인과 인사를 나누었더니 성은 허 씨요 이름은 봉이며, 함경북도 사람이었다. 나는 그의 큰 은혜에 감사한 다음 형제의 의를 맺었다. 이윽고 술자리를 차려 놓고 연락하여 만났는데 그는 독한 술을 백여 잔 마시고도 조금도 취한 빛이 없었다. 또 그의 팔 힘을 시험해 보았더니, 개암나무 열매와 잣 수십 개를 손바닥에 놓고 두 손바닥을 맞대 비비자 그 열매며 잣이 마치 맷돌로 눌러 간 듯 으깨져 가루가 되었다. 그리하여 보는 이들 중 놀라지 않는 이가 없었다.

또 다른 재주도 있었다. 두 팔을 등 뒤로 돌려 기둥을 안은 뒤 밧줄로 두 손을 세게 묶어 기둥이 두 팔 사이에 있도록 했다. 그렇게 하니 몸뚱이와 기둥이 일체가 된 것 같아 손을 묶은 밧줄을 풀지 않고서는 도저히 몸을 빼낼수 없는 상태가 되었다. 그렇게 해 놓은 뒤 여러 사람이 둘러서서 보다가 일분쯤 지나 돌아보니 두 팔을 세게 묶은 밧줄은 그대로 있어 조금도 변함이 없는데 기둥을 두 팔 사이에서 뽑아 전과 같이 우뚝 서니 그것은 그 몸이 기둥에 걸리지 않고 빠져 나온 것이었다. 보는 이들이 모두 탄복하며 말했다.

"주량은 이태백보다 낫고, 힘은 항우보다 모자라지 않으며, 술법은 좌좌에 비길 만하다."

그 후 며칠 동안 같이 즐기다가 헤어진 뒤로 지금껏 몇 해 동안 그가 어떻게 되었는지 알 수가 없다.

5

그 무렵 두 가지 사건이 있었다.

하나는 옹진군 사람들이 돈 오천 냥을 경성에 사는 전 참판 김중환에게 빼앗긴 일이요, 또 하나는 이경주의 일이다. 이경주는 평안도 영유군 사람으로 직업은 의사인데, 황해도 해주부로 와서 살면서 유수길(천인 출신의 부자였음)의 딸과 결혼했다. 부부는 삼 년 동안 딸 하나를 낳았고, 유수길은 사위인 이경주에게 집과 전답, 재산과 노비들을 많이 나누어 주었다.

그런데 해주부 지방대 병영의 위관인 한원교라는 사람이 이 씨가 상경한 틈에 그 아내를 꾀어 간통하고 유수길을 위협하여 그 집과 세간을 뺏은 뒤 버젓이 살고 있었다. 그때 이경주가 그 소문을 듣고 경성에서 본가로 돌아왔더니 한원교가 병정을 시켜 이경주를 구타해 내쫓았는데, 머리가 깨지고 유혈이 낭자하여 차마 눈뜨고 볼 수 없었다.

그러나 이 씨는 타향에서 외롭게 지내는 처지라 어찌할 방법이 없어 겨우 도망쳐 목숨을 부지한 뒤 곧 상경하여 육군법원에 호소했다. 그리고 한가와 더불어 재판을 일고여덟 차례나 했지만 한가는 관직만 면직되었을 뿐, 이 씨는 아내와 가산을 되찾지 못했다(그것은 한가가 세도가였기 때문이었음).

한 가는 그 여인과 함께 가산을 정리한 뒤 상경해 살고 있었다.

그때 옹진군 사람들이나 이 씨 모두 교회에 다녔기 때문에 내가 총대표로 뽑혀 두 사람과 함께 상경해 두 사건에 관여하게 되었다. 먼저 김중환을 찾아가 보았더니 귀한 손님들이 한 방 가득 앉아 있었다. 나는 주인과 인사하고 통성명을 한 뒤 자리를 잡고 앉았다. 김중환이 물었다.

"무슨 일로 찾아왔는가?"

"나는 본래 시골에 사는 어리석은 백성이라 세상 규칙이나 법률을 잘 모르기에 문의하러 찾아왔습니다."

"묻고 싶은 일이 무엇인가?"

"만일 경성에 있는 한 대관이 시골 백성의 재산 몇 천 냥을 억지로 뺏고 돌려주지 않는다면 그것은 무슨 법률로 다스릴 수 있겠습니까?"

김은 한참 동안 잠자코 있다가 다시 물었다.

"그것은 나와 관계된 일이 아닌가?"

"그렇습니다. 공께서는 무슨 연고로 옹진군 사람들의 재산 오천 냥을 억지로 빼앗고 갚아 주지 않는 것입니까?"

그러자 김이 답했다.

"지금은 돈이 없어 못 갚겠고 뒷날 갚도록 할 생각일세."

"그럴 수 없습니다. 이 같은 고대광실에 많은 물건을 풍족하게 갖추어 놓고 살면서 오천 냥이 없다고 한다면 어느 누가 믿을 수 있겠습니까?"

이렇게 서로 문답할 즈음 옆에서 듣고 있던 한 관원이 큰 소리로 나를 꾸짖으며 말했다.

"김 참판께서는 연세가 높으신 대관이요, 그대는 젊디젊은 시골 백성인데 어디서 감히 이 같은 불손한 말을 할 수 있는가?"

나는 웃으며 물었다.

"공은 누구시오?"

"내 이름은 정명섭일세(당시 한성부 재판소 검사관)."

나는 다시 말했다.

"공은 옛 글을 읽지 못했소? 예로부터 지금까지 어진 임금과 훌륭한 재상은 백성을 하늘처럼 알았고 어두운 임금과 탐관들은 백성을 밥처럼 알았소. 그렇기 때문에 백성이 부유하면 나라가 부유하고 백성이 약하면 나라가 약해지는 것이오. 이처럼 어지러운 시대에 공은 국가를 보필하는 신하로서 임금의 거룩한 뜻을 받들지 못하고 이 같이 백성을 학대하니 어찌 국가의 앞길이 통탄스럽지 아니하겠소? 하물며 지금 이 방은 재판소가 아니오. 공이 만일 오천 냥을 돌려줄 의무가 있다면 나와 같이 이야기해 봅시다."

그러자 정가는 아무 대꾸도 하지 못했다. 김중환이 다시 말했다.

"두 분은 서로 힐난할 필요 없네. 내가 며칠 후에 오천 냥을 갚아 주겠으니 그대는 너그러이 용서하게."

그가 네다섯 번이나 애걸했기 때문에 어쩔 수 없이 기한을 정하고 물러났다.

한편, 이경주는 한원교의 주소를 알아내 우리와 상의하며 말했다.

"한가는 세도가라 법관이 부르면 무슨 핑계를 만들어서라도 도망가기 때문에 잡다가 공판을 할 수 없을 것이오. 그러니 우리가 먼저 한가 부부를 잡은 뒤에 법정으로 끌고 가서 공판이 열리게 합시다."

이 씨가 동지 몇 사람과 함께 한가가 사는 집으로 가서 찾아보았으나, 한가 부부는 미리 눈치를 채고 피해버렸기 때문에 잡지 못하고 그냥 돌아와야만 했다. 그러자 한가는 도리어 한성부에 이렇게 무고했다.

"이경주가 본인의 집 안뜰까지 들어와 늙은 어머님을 구타했습니다."

한성부에서는 이경주를 잡아들였다. 검사소에서 증인을 물었고 이 씨가 내 이름을 거명해 나 역시 불려가 문초를 받게 되었다. 그런데 검사소에 이르러 보니 검사관이 바로 정명섭이었다. 정명섭은 나를 보자 얼굴에 성난 기색이 역력했다. 나는 속으로 몰래 웃으며 생각했다.

'오늘은 반드시 정가에게 이전에 다툰 일로 보복을 당하겠구나(김중환의 집에서 서로 다툰 혐의). 그러나 죄 없는 나를 누가 해칠 수 있을까.'

검사가 내게 물었다.

"그대는 이가와 한가 두 사람 사건을 증명할 수 있는가?"

"그렇소."

"무엇 때문에 한 가의 어머니를 때렸는가?"

"그렇지 않소. 처음부터 그런 행동을 한 일이 없소. '내가 하고 싶지 않은 일을 남에게 하지 말라.'라는 말이 있는데 어찌 남의 늙은 어머니를 때릴 리가 있겠소?"

"그렇다면 무엇 때문에 남의 집 안뜰에까지 쳐들어갔는가?"

"나는 본래 남의 집 안뜰에 들어간 일이 없소이다. 다만 이경주의 집 안뜰에 출입한 일은 있소."

"어째서 이가의 집 안뜰이라고 하는가?"

"그 집은 이가의 돈으로 산 집이고, 방 안에 있는 살림살이도 모두 이가가 이전에 가지고 쓰던 것이며, 노비들 역시 이가가 부리던 노비요, 그 아내도 바로 이가가 사랑하던 아내이니 그 것이 이가의 집이 아니고 누구 집이겠소?"

이렇게 말했더니 검사가 묵묵히 말이 없었다.

그런데 문득 보니 한원교가 내 앞에 서 있기에 나는 급히 한가를 향해 말했다.

"한가야, 너는 내 말을 들어라. 군인이란 국가의 중임을 맡은 사람이다. 충성스럽고 정의로운 마음을 배양하여 외적을 방어하고 강토를 지키며 인민을 보호하는 것이 당당한 군인의 직분인데, 너는 하물며 위관이라는 작자가 양민의 아내를 강제로 빼앗고 재산을 토색질하면서도 그 세도만 믿고 꺼리는 바가 없구나. 만일 경성에 너 같은 도둑놈이 많이 산다면 서울 놈들만 자식, 손자 낳고 집을 보전하며 생업을 안전하게 유지하고, 시골의 힘없는 사람들은 부인과 재산을 모두 서울 놈들한테 빼앗기고 말지 않겠느냐? 세상에 어찌 백성 없는 나라가 있느냐? 너 같은 서울 놈은 만 번 죽어도 아깝지 않다."

말이 채 끝나기도 전에 검사가 책상을 치면서 큰소리로 꾸짖었다.

"이놈! 서울 놈들, 서울 놈들 하는데 경성이 어떤 이가 사는 곳인데 네가 감히 그런 말을 하는 것이냐?"

나는 웃으며 대답했다.

"공은 무엇 때문에 그렇게 화를 내는 것이오? 나는 한가를 두고 너 같은 도둑놈이 서울에 많이 있다면 서울 놈들만 생업을 지키고 시골사람은 모두 죽을 것이라고 했을 뿐이오. 만일 한가와 똑같은 놈이라면 당연히 그런 욕을 먹어야 하겠지만, 한가와 같지 않은 사람이야 무슨 상관이 있겠소? 공은 오해하지 마시오."

정명섭이 다시 말했다.

"네 말은 잘못을 꾸며대는 말이다."

"그렇지 않소. 좋은 말로 잘못을 꾸며댈 수도 있겠지만, 아무리 그래도 물을 가리켜 불이라 한들 누가 그것을 믿겠소?"

검사는 더 이상 대답하지 못했다. 그러고는 하인을 시켜 이경주를 감옥에 가둔 뒤 나에게

"너도 잡아 가둬야겠다."

라고 하기에 내가 화를 내며 말했다.

"어찌하여 나를 가둔다는 것이오? 나는 오늘 여기에 증인으로 불려 왔지, 피고로 붙잡혀 오지 않았소. 더구나 천만 조항의 법률이 있다 해도 죄 없는 사람 잡아넣는 법률은 없을 것이며, 수백 수천 칸의 감옥이 있다 해도 죄 없는 사람 가두는 감옥은 없을 것이오. 오늘과 같은 문명 시대에 공은 어찌하여 법률을 사사로이 야만스럽게 적용하려고 하시오?"

이렇게 말하고 당당하게 앞문 밖으로 나와 여관으로 돌아왔다. 검사도 아무런 이야기가 없었다.

6

이때 고향 집에서 편지가 와서 뜯어보니 아버님의 병환이 위중하다는 것이었다. 급히 돌아가고 싶어 곧바로 행장을 차려 육로로 떠났다. 계절이 한겨울 추운 때라 온 천지에 흰 눈이 가득하고 찬바람이 허공에 몰아쳤다. 독립문 밖을 지나면서 돌이켜 생각해 보니 간담이 찢어지는 것 같았다. 친구가 죄도 없이 감옥에 갇혀 벗어나지 못하고 겨울날 차가운 옥 속에서 어찌 그 고생을 할까 싶어서였다.

더구나 어느 날에나 저렇게 악한 정부를 한 주먹으로 두들겨 개혁한 뒤 난신적자들을 쓸어버리고 당당한 문명 독립국을 이루어 민권과 자유를 얻을 수 있겠는가 하는 생각에 이르자 피눈물이 솟아올라 차마 발걸음을 옮겨 놓을 수 없었다.

그러나 어찌할 길이 없어 죽장마혜로 혼자 천리 길을 가는데 도중에 마침 고향 친구 이성룡을 만났다. 그가 말을 타고 오다가 나를 보고 말했다.

"잘 만났네. 서로 길동무가 되어 같이 고향으로 돌아가면 참 좋겠네."

"말을 타고 가는 것과 걸어가는 것이 서로 다른데 어찌 동행하겠는가?"

"그렇지 않네. 이 말은 경성에서부터 값을 정하고 빌린 말인데 추운 날씨라 말을 오래 탈 수가 없네. 자네와 몇 시간씩 번갈아 타고 걷는다면 길도 빠르고 심심하지도 않을 걸세. 그러니 사양하지 말고 타게."

그렇게 서로 길동무가 되어 며칠 뒤 연안읍에 이르렀는데, 그해 그 지방에 비가 오지 않아 흉년이 들었다. 그때 나는 말을 타고 이 씨는 뒤따라 걸어오는데 내가 탄 말을 이끌고 가던 마부가 나와 이야기를 나누다 전신주를 가리키며 욕을 했다.

"외국 사람이 전봇대를 설치한 뒤에 공중에 있는 전기를 몽땅 거두어다 전주 속에 가두어 두었기 때문에 공중에 전기가 없어 비가 내리지 않는 것이오. 그래서 이렇게 흉년이 든 것이오."

나는 웃으며 타일렀다.

"어찌 그럴 리가 있겠는가? 그대는 서울에서 오래 산 사람이 그렇게 무식한가?"

그러자 말이 채 끝나기도 전에 마부는 말 채찍으로 내 머리를 두세 번이나 마구 때리며 욕을 퍼부었다.

"네가 어떤 사람이기에 나를 무식한 사람이라고 하는가?"

나는 아무리 생각해도 그 까닭을 알 수 없었다. 더구나 그곳은 무인지경이었고 또 그놈의 행동이 워낙 흉악했기 때문에 나는 말 위에 앉아 내려오지도 않고 대꾸도 않은 채 하늘을 쳐다보며 크게 웃을 뿐이었다. 이 씨가 애를 써서 마부를 잡고 만류해서 다행히 큰 피해는 없었지만 내 옷과 모자는 모두 찢어지고 엉망이 되었다.

이윽고 연안 성중에 이르자 그곳 친구들이 내 꼴을 보고 놀라 묻기에 그 까닭을 이야기했더니, 모두 분노하여 마부를 잡아다가 법관에게 말해서 징

벌을 받게 하자고 했다. 그러나 내가 말리며 말했다.

"이 녀석은 제정신을 잃어버린 미친 사람이니 손 댈 것 없이 돌려보내자."

다른 사람들도 그렇게 하자고 해서 무사히 놓아 보내 주었다.

고향으로 돌아와 집에 도착해 보니 아버님의 병환은 차츰 차도가 있었다. 아버님은 몇 달 후 완전히 회복되셨다.

그 뒤 이경주는 사법관의 강압적인 법률 적용으로 삼 년 징역에 처해졌다가 일 년 후 풀려났다. 한원교는 만금의 뇌물을 주고 송가와 박가 두 사람을 시켜 이 씨를 사람 없는 곳으로 꾀어낸 후 자신이 직접 이 씨를 칼로 찔러 죽이고는 달아났다고 한다(슬프다. 재물과 여자 때문에 사람의 목숨을 죽이는 것은 후인들이 경계할 일이다). 송, 박 두 사람과 그 여자는 체포되어 법률에 따라 처형되었으나, 한가는 끝내 잡지 못했으니 통분할 일이었다. 이 씨는 참혹하게도 영세의 원혼이 되고 말았다.

당시 각 지방의 관리들은 학정을 일삼아 백성들의 고혈을 빨아댔기 때문에 관리와 백성은 서로를 원수 보듯 했고 도둑처럼 대했다. 특히 천주교인들은 포악한 명령에 항거하고 토색질을 받지 않았기 때문에 관리들이 교인들을 외적과 다름없이 미워하였다. 그런데 저들은 옳고 우리는 잘못이라 하니 어찌할 도리가 없는 일이었다(좋은 일에는 마가 끼고 고기 한 마리가 물을 흐린다).

그 무렵 난동을 부리는 무리들이 교인인 양 행세하며 협잡하는 일이 더러 있었기 때문에, 관리들이 이 틈을 타 정부 대관과 비밀리에 의논해 교인들을 모함하려 했다.

황해도에서는 교인들의 행패 때문에 행정과 사법을 시행할 수 없다고 간했던 것이다. 정부는 사핵사 이응익을 특파했고, 그가 해주부에 와서 순검과 병정들을 각 고을로 파송해 천주교회 우두머리 되는 이들을 시비곡직도 따지지 않고 모조리 잡아 올리는 통에 교회는 큰 어려움을 겪게 되었다.

내 아버님도 잡으려고 순검과 병정들이 두세 차례 왔지만, 대항하여 끝내 잡아가지는 못했다. 아버님은 피신해 관리들의 악행을 통분히 여기며 탄식하면서 밤낮으로 술을 드셨기 때문에 화병이 생겼다. 몇 달 후에야 고향 집으로 돌아오셨으나 치료해도 효험이 없었다. 교회 안의 일은 프랑스 선교사의 보호로 차츰 조용해졌다.

이듬해 무슨 볼 일이 있어 다른 곳(문화군)에 나갔다가 아버님이 이창순의 집(안악읍 근처)에 와 계신다는 말을 들었다. 그래서 그 집으로 갔더니 아버님은 이미 고향 집으로 돌아가셨기에 그 집 이 씨 친구와 함께 술을 마시며 이야기를 했는데 그가 이렇게 말하는 것이었다.

"이번에 그대 아버님이 공교롭게도 큰 욕을 당하고 돌아가셨네."

내가 깜짝 놀라 무슨 일이 있었냐고 묻자 그가 대답했다.

"그대 아버님이 신병을 치료하러 우리 집에 오셨다가 우리 아버지와 함께 안악읍에 있는 청나라 의사 서가를 찾아가 진찰을 받으셨다네. 그런 뒤에 술을 마시며 이야기를 나누고 있는데, 청나라 의사가 무슨 까닭인지 그대 아버님의 가슴과 배를 발로 차서 상처를 입혔지. 하인들이 청나라 의사를 붙들고 때리려 하자, 그대 아버님이 타이르시기를 '오늘 우리가 여기 온 이유는 병을 치료하러 의사를 찾아 온 것인데 만일 의사를 때리면 시비를 불문하고 남의 비웃음을 면하기 어려울 것이니, 명예를 위해서라도 참는 것이 어떠한가?'라고 하여 모두 분함을 참고 돌아왔네."

이에 내가 이렇게 말했다.

"내 아버님은 대인의 행동을 지켜 그리 하셨지만, 나는 자식 된 도리로 어찌 참고 지나칠 수 있겠는가? 그곳에 가서 잘잘못을 자세히 따져 본 후 사법부에 호소하여 그와 같은 행패를 고치게 하는 것이 어떠한가?"

이 씨도 그러자고 하여 즉시 두 사람이 함께 서가를 찾아가 그 사실을 물었다. 그런데 말 몇 마디를 하기도 전에 서가가 벌떡 일어나 칼을 빼어 들고 내 머리를 향해 내려치려는 것이 아닌가. 내가 깜짝 놀라 급히 일어나 왼손으로 내려치려는 손을 막고 오른손으로 허리춤에 있는 단총을 빼어 들어 서가의 가슴팍에 대고 쏠 것처럼 했더니 서가는 겁을 집어먹고 손을 대지 못했다.

이러할 즈음 동행한 이창순이 그 위급한 상황을 보고 자기의 권총을 빼어 공중을 향해 두 방을 쏘자, 서가는 내가 총을 쏜 줄 알고 크게 놀랐고 나도 어찌 된 일인지 몰라 크게 놀랐다. 이 씨는 달려와 서가의 칼을 빼앗아 돌에 쳐서 반으로 부러뜨렸다. 두 사람이 두 동강난 칼을 들어 서가의 발아래 내동댕이치자 그가 땅에 거꾸러졌다.

나는 곧 법관에게 가서 전후 사실을 호소했으나 법관은 외국인의 일이라 재판할 수가 없다고 했다. 그리하여 다시 서가가 있는 곳으로 왔지만 고을 사람들이 모여들어 만류했기 때문에 그를 내버려 두고 이 씨 친구와 함께 나와 각자 집으로 돌아갔다.

그 일이 있은 지 오륙 일이 지난 어느 날 밤, 어떤 놈들인지 일고여덟 사람이 이창순의 집에 쳐들어 와 그의 부친을 마구 때리고 잡아갔다. 이창순은 바깥채에서 자다가 화적 놈들이 쳐들어 온 줄 알고 권총을 뽑아 들고 뒤 쫓았더니 그놈들이 이 씨를 향해 총을 쏘았다. 이 씨도 총을 쏘며 죽기 살기로 추격하자 놈들은 이 씨의 부친을 버리고 도망쳤다.

그 이튿날 자세히 알아보니 서가가 진남포에 있는 청나라 영사에게 호소했기 때문에 청나라 순검 두 명과 한국 순검 두 명에게 나를 잡아오라는 지령이 내려졌던 것이다. 그런데 그들이 내 집으로 오지 않고 공연히 이가의 집으로 침입했던 것이다. 이를 알리는 편지가 와서, 나는 곧 길을 떠나 진남포로 갔다.

사실을 알아보니 청나라 영사가 이 일을 경성에 있는 공사에게 보고해 한국 외무부에서 사건을 조회할 것이라 하기에, 나는 즉시 경성으로 가서 전후 사실을 들어 외무부에 청원했다. 다행히 공판을 한다는 판결이 진남포 재판소에 회부되어 공판이 열렸고, 그 과정에서 서가의 만행이 밝혀져 서가는 잘못했고 안가는 잘못이 없다는 판결로 끝을 보게 되었다. 뒤에 어떤 청나라 사람 소개로 서가와 만나 서로 사과하고 화해했다.

그동안 나는 홍 신부와 크게 다툰 일이 있었다. 홍 신부는 언제나 교인들을 강압적으로 대하는 폐단이 있었기 때문에 나는 여러 교인들과 상의하여 말했다.

"거룩한 교회 안에서 어찌 이와 같은 도리가 있을 수 있겠소? 우리가 경성에 가서 뮈텔 주교에게 청원하고, 만일 민 주교가 들어 주지 않으면 로마 교황에게 청원해서라도 이러한 폐습을 막도록 하는 것이 어떻소?"

그러자 모두 그대로 따르기로 했다. 그때 홍 신부가 이 말을 듣고 크게 성이 나서 나를 무수히 치고 때렸기에 분하기는 했으나 그 욕스러움을 참았다. 그랬더니 뒤에 홍 신부가 나를 타이르며 말했다.

"잠시 화가 나서 감정이 폭발한 것이다. 회개할 테니 서로 용서하는 것이 어떠한가?"

나 역시 사과하고 이전의 우정을 되찾아 서로 좋게 지냈다.

7

세월이 흘러 1905년 을사년이 되었다.

인천 항만에서 일본과 러시아 두 나라 함대의 대포 소리가 크게 울리더니 동양의 일대 문제가 터져 일어나게 되었다는 소식이 전해졌다. 홍 신부는 이렇게 한탄했다.

"한국이 장차 위태롭게 되었다."

"왜 그러합니까?"

"러시아가 이기면 러시아가 한국을 차지하게 될 것이요, 일본이 이기면 일본이 한국을 관할하려 들 것이니 어찌 위태롭지 않겠는가?"

그때 나는 날마다 신문과 잡지, 각국의 역사를 살펴보고 있었기 때문에 이미 지나간 과거나 현재, 미래의 일을 추측할 수 있었다. 러일 전쟁이 일본의 승리로 끝난 뒤 이토 히로부미가 한국으로 건너와 정부를 위협하여 을사 5조약을 강제로 맺으니, 삼천 리 강산과 이천만 인심이 뒤흔들려 바늘방석에 앉은 것 같았다.

그때 아버님은 심신이 울분으로 가득 차서 병이 더욱 위중하게 되었는데, 나는 아버님과 비밀리에 상의하여 말했다.

"일본과 러시아가 전쟁을 시작했을 때 일본은 선전포고문을 통해 동양의 평화를 유지하고 한국의 독립을 굳건히 하겠다고 말했습니다. 그래 놓고 이제 와서 그 대의를 지키지 않고 야심에 찬 침략을 자행하고 있는데 그것은 모두 일본의 정치가 이토의 정략입니다. 먼저 늑약을 맺고 다음으로 뜻있는 무리를 없앤 뒤, 강토를 삼키고 나라를 없애 버리려는 새로운 수법입니다. 만일 속히 계획을 세우지 않으면 큰 화를 면하기 어려울 것인데, 어찌 손을 마주 쥐고 아무 방책도 없이 앉아서 죽기를 기다리겠습니까?

그러나 이제 의거를 일으켜 이토의 정책에 반대한다 한들 힘이 워낙 차이가 나니 부질없이 죽을 뿐 아무 이익이 없을 것입니다. 요즘 들어보니 청나라 산둥과 상하이 등지에 한국인이 많이 살고 있다고 하는데, 우리 집안도 모두 그곳으로 옮겨 가서 살다가 선후 방책을 도모하는 것이 어떻겠습니까?

그러면 제가 먼저 그곳에 가서 동정을 살펴보고 오겠습니다. 아버님은 그동안 비밀리에 짐을 꾸린 뒤 식구들을 데리고 진남포로 가서 기다리시다가 제가 돌아오는 날 다시 의논해서 결행하시지요."

부자 간 계획이 정해지자 나는 곧 길을 떠나 산둥 등지를 두루 다녀 본 후 상하이에 이르렀다. 거기서 민영익을 찾아갔더니 문지기 하인이 문을 닫고 들이지를 아니하며 말했다.

"대감은 한국인을 만나지 아니하오."

그 날은 그냥 돌아오고 다음날 두세 번 더 찾아갔으나 역시 만나주지 않아 나는 크게 꾸짖었다.

"공은 한국인이면서 한국 사람을 안 만나면 어느 나라 사람을 만나려는 것이오? 더욱이 공은 한국에서 여러 대에 걸쳐 국록을 먹은 신하로서, 이 같이 어려운 때를 만나 아랫사람을 사랑하는 마음도 없이 베개를 높이 하고 편안히 누워 조국의 흥망을 잊어버리고 있으니 세상에 어찌 이런 도리가 있단 말이오? 오늘날 나라가 위급해진 것은 그 죄가 모두 공들과 같은 대관들에게 있고, 민족의 허물에 있지 않기 때문에 얼굴이 부끄러워 만나지 못하는 것인가?"

그렇게 한참 동안 욕을 퍼붓고 돌아와 다시는 더 찾지 않았다. 그 뒤 서상근이라는 사람을 찾아가 물었다.

"지금 한국의 정세는 위태롭기가 조석지간에 있으니 어떻게 하면 좋겠소? 무슨 좋은 계책이 없겠소?"

서 씨가 대답했다.

"공은 한국의 일을 나한테 말하지 마시오. 나는 일개 장사치로서 몇 십만 원이나 되는 자금을 정부 대관들에게 뺏기고 이렇게 몸을 피해 여기 와 있는데, 하물며 국가 정치가 백성들과 무슨 관계가 있을 것이오?"

나는 웃으며 말했다.

"그렇지 않소. 공은 다만 하나만 알고 둘은 모르는 셈이오. 만일 백성이 없다면 국가가 어디 있겠소? 더구나 국가란 몇몇 대관들의 국가가 아니라 당당한 이천만 민족의 국가인데, 국가의 백성이 그 의무를 행하지 아니하고서 어찌 민권과 자유를 얻을 수 있을 것이오? 그리고 지금은 민족 세계인데 어째서 유독 한국 민족만 남의 밥이 되어 앉아서 멸망하기를 기다려야 한단 말이오?"

"공의 말이 그렇기는 하나 나는 다만 장사로써 입에 풀칠만 하면 그만이니, 다시는 정치 이야기일랑 하지 마시오."

나는 두 번 세 번 의논을 해 보려 했으나 그는 전혀 응낙하지 않았다. 그 야말로 쇠귀에 경 읽기와 마찬가지라, 하늘을 우러러 탄식하며 스스로 생각했다.

'우리 한국인의 뜻이 모두 이와 같으니 국가의 앞날은 말하지 않아도 알 수 있겠다.'

여관으로 돌아와 침상에 누워 이런저런 생각을 하며 비분강개한 심정을 참을 길이 없었다.

어느 날 아침 천주교 성당에 가서 한참 동안 기도를 드리고 문 밖으로 나와 앞을 바라보고 있는데, 문득 신부 한 분이 앞길을 지나가다가 고개를 돌려 나를 보고 놀라며 말했다.

"여기는 어떻게 왔느냐?"

그가 손을 잡아 인사했다. 곽 신부였다(이 신부는 프랑스 사람으로 이름은 르각이며, 여러 해 동안 한국에 머물며 황해도 지방에서 전도했기 때문에 나와 절친한 사이였고, 그때는 홍콩에서 한국으로 돌아가는 길이었음). 그야말로 꿈만 같은 일이었다. 우리 두 사람은 함께 여관으로 돌아와 이야기를 나누었다. 곽 신부가 물었다.

"무슨 일로 여기에 온 것이냐?"

"신부님께서는 한국의 참상을 듣지 못했습니까?"

"이미 오래전에 들었지."

"상황이 그와 같으니 형세를 어떻게 할 도리가 없어 부득이 가족들을 외국으로 이주시킨 다음, 외국에 있는 동포들과 연락하여 여러 나라로 돌아다니며 억울한 사정을 설명하려 합니다. 그렇게 해서 동정을 얻고 기회가 오기를 기다렸다가 한 번 거사를 한다면 어찌 목적을 이루지 못하겠습니까?"

곽 신부는 한참 동안 아무 말도 없이 있더니 대답했다.

"나는 종교인이고 전도사라 정치와는 전혀 관계가 없지만 지금 네 말을 듣고 보니 안타까운 심정을 이길 수 없구나. 너를 위해 방법 하나를 일러 줄 것이니, 만일 이치에 맞거든 그대로 하고 그렇지 못하거든 너의 뜻대로 하라."

"그 계획을 듣고 싶습니다."

"네가 하는 말처럼 그럴 수는 있겠지만 그것은 하나만 알고 둘은 모르는 일이다. 가족을 외국으로 이주시킨다는 것은 잘못된 계획이다. 이천만 민족이 모두 너 같이 한다면 나라 안은 온통 비어 버릴 것이니, 그것은 곧 원수가 원하는 바를 이루어 주는 것이다. 우리 프랑스가 독일과 싸울 적에 두 지방을 비어 준 일을 너도 알 것이다. 그로 인해 지금껏 사십 년 동안 그 땅을 회복할 기회가 두어 번 있었지만, 그곳에 살던 뜻있는 사람들이 모두 외국으로 피해 갔기 때문에 그 목적을 달성하지 못했다. 그것을 하나의 본보기로 삼아야 할 것이다.

또한 해외에 있는 동포들로 말하면 국내 동포에 비해 그 사상이 배나 더하여 서로 모의하지 않아도 같이 일할 수 있으니 걱정할 것이 없다. 하지만 열강의 움직임으로 말하면 네가 말하는 억울한 설명을 듣고 모두 가엾다고는 할 것이나, 그렇다고 반드시 한국을 위해 군사를 일으켜 성토하지는 않을 것이 분명하다.

지금 각국은 한국의 참상을 이미 알고 있지만 각각 자기 나라의 일에 바빠 남의 나라를 돌아 볼 겨를이 없다. 훗날 운이 이르러 때가 오면 일본의 불법 행위를 성토할 기회가 혹시 생길 수도 있겠지만, 오늘 네가 하는 설명은 별로 효과가 없을 것이다. 옛 글에 이르기를 "하늘은 스스로 돕는 자를 돕는다."라고 했으니 너는 속히 본국으로 돌아가 먼저 네가 해야 할 일에 힘쓰거라. 그 일이란 첫째는 교육의 발달, 둘째는 사회의 확장, 셋째는 민심의 단합, 넷째는 실력의 양성이다. 이 네 가지를 확실히 성취하면 이천만 정신(마음)의 힘이 반석과 같이 든든해져 천만 문의 대포를 가지고도 공격하여 깨뜨릴 수 없을 것이다.

이것이 이른바 필부의 마음도 빼앗기 어렵다는 말인데, 하물며 이천만 사람의 힘을 어찌 빼앗을 수 있겠느냐? 그렇게 되면 강토를 빼앗겼다는 것도 형식에 불과한 것이 되고, 조약을 강제로 맺었다는 것도 종이 위에 적힌 부질없는 글에 지나지 않게 될 것이다. 원수의 모든 일이 허사가 되고 마는 것이다. 그렇게 되는 날, 사업을 정확하게 이루고 목적을 반드시 달성할 수 있을 것이다. 이 방법은 만국에 두루 통하는 사례이기 때문에 권유하는 것이니, 잘 헤아려 보아라."

그 말을 다 듣고서 내가 대답했다.

"신부님 말씀이 옳습니다. 그대로 따르겠습니다."

그러고는 곧장 행장을 차려 기선을 타고 진남포로 돌아왔다.

1905년 12월, 상하이에서 진남포로 돌아와 가족들의 소식을 알아보았다. 가족들은 그 사이 청계동을 떠나 진남포에 도착했는데, 도중에 아버님께서 병세가 심각해져 돌아가셨다. 그리하여 아버님의 영구를 모시고 가족들 모두 청계동으로 되돌아가 장례를 지냈다고 한다. 나는 이 말을 듣고 통곡하며 몇 번이나 까무러쳤다.

다음 날 길을 떠나 청계동에 이르러 상청을 차리고 재계하여 며칠 뒤 상례를 마쳤다. 그리고 가족들과 함께 그해 겨울을 보냈다. 그때 나는 대한독립을 이루는 날이 올 때까지 술을 끊기로 맹세했다.

8

다음해(1906년) 봄 3월에 가족들을 데리고 청계동을 떠나 진남포로 이사했다. 그곳에 살면서 양옥 한 채를 지어 살림을 안정시킨 뒤, 가옥 등 재산을 정리하여 삼흥학교와 돈의학교를 설립했다. 교장으로 취임한 나는 교무를 맡아 재주가 뛰어난 청년들을 교육했다.

그 다음해(1907년) 봄에 한 분이 찾아왔는데 그의 기상을 살펴보니 위풍이 당당하여 자못 도인의 풍모가 있었다. 그분이 자신을 김 진사라 소개하며 말했다.

"나는 본래 자네 부친과 친교가 두터운 사람이라 특별히 찾아온 걸세."

"선생께서 멀리서 찾아오셨으니 무슨 좋은 말씀을 해 주시겠습니까?"

"자네의 기개를 가지고 지금 이렇게 나라의 정세가 위태로운 때에 어찌 앉아서 죽기를 기다리려 하는가?"

"무슨 계책이 있겠습니까?"

"지금 백두산 뒤에 있는 북간도와 러시아 영토인 블라디보스토크 등지에 한국인이 백여 만 명 살고 있는데 물산이 풍부하여 한번 활동할 만한 곳이 될 수 있네. 그러니 자네 재주로 그곳에 가면 뒷날 반드시 큰 사업을 이룰 것일세."

"꼭 가르쳐 주신 대로 지키겠습니다."

서로 말을 마치자 손님은 작별하고 돌아갔다.

그 무렵 나는 재정을 마련해 볼 계획으로 평양에서 석탄광을 열었는데 일본인의 방해로 모은 돈을 수천 원이나 손해를 봤다. 또 그때 한국인들이 국채보상회를 발기해 사람들이 모여 회의를 했는데 일본인 순사 한 명이 와서 조사하며 물었다.

"회원은 몇 명이며 재정은 얼마나 모았는가?"

내가 대답했다.

"회원은 이천만 명이고, 재정은 천 삼백만 원을 모은 다음에 보상하려 한다."

그러자 일본인 순사는 욕을 하며 말했다.

"한국인은 하등한 사람들인데 무슨 일을 할 수 있겠냐?"

내가 다시 말했다.

"빚을 진 사람은 빚을 갚는 것이요, 빚을 준 사람은 빚을 받는 것인데 무슨 불미한 일이 있다고 그렇게 질투하고 욕질을 하는 것인가?"

그랬더니 그 일본인 순사가 성을 내면서 나를 치며 달려들기에 나는 이렇게 말하며 발분했다.

"이처럼 까닭 없이 욕을 본다면 대한의 이천만 민족은 장차 큰 압제를 면하기 어려울 것이다. 어찌 나라의 수치를 달게 받을 수 있을 것이냐?"

나도 같이 치고받기를 무수히 하자 곁에 있던 사람들이 애써 말려 끝을 내고 모두 헤어졌다.

1907년 이토 히로부미가 한국에 와서 정미 7조약을 강제로 맺고 고종황제를 폐하고 군대를 해산하자 이천만 인민이 일제히 분발하여 의병들이 곳곳에서 벌떼처럼 일어나 삼천 리 강산에 대포 소리가 크게 울렸다.

그때 나는 급히 행장을 차려 가족들과 이별하고 북간도로 향했다. 거기에 도착해 보니 그곳 또한 일본 군대가 막 와서 주둔하고 있어 도무지 발붙일 곳이 없었다. 그래서 서너 달 동안 각 지방을 시찰한 다음 다시 그곳을 떠나 러시아 영토로 들어가 얀치혜라는 곳을 거쳐 블라디보스토크에 이르렀다. 그 항구도시에는 한국인이 사오천 명이나 살고 있었고 학교도 두어 군데 있었으며 또 청년회도 있었다.

나는 청년회에 들어가 임시 사찰에 뽑혔는데, 어떤 사람이 허락도 없이 사사로이 이야기를 해서 규칙에 따라 금지시켰더니 그 사람이 화를 내며 내 귀뺨을 몇 차례나 때렸다. 그러자 여러 사람이 만류하며 화해하기를 권했다. 나는 웃으며 그 사람에게 말했다.

"오늘날 이른바 사회라는 것은 여러 사람의 힘을 모으는 것을 중심으로 삼는데 이렇게 서로 다투면 남의 웃음거리가 되지 않겠는가? 옳고 그름을 따질 것 없이 서로 화목하게 지내는 게 어떠한가?"

모두가 좋은 일이라고 하며 헤어졌는데, 나는 그 뒤 귓병을 얻어 몹시 앓다가 달포 뒤에야 차도가 있었다.

그곳에 덕망이 높은 어떤 분이 있었는데 성명은 이범윤이었다. 그분은 러일전쟁 전에 북간도 관리사에 임명되어 청나라 군대와 수차례 교전했다. 러일전쟁 때는 러시아 군대와 힘을 합해 서로 도왔다가 러시아 군대가 패전하고 돌아갈 때 함께 러시아 영토로 와서 지금까지 그곳에 살고 있는 것이었다. 나는 그분을 찾아가 말씀드렸다.

"각하는 러일전쟁 때 러시아를 도와 일본을 쳤으니 그것은 하늘의 뜻을 어긴 것이라 할 수 있습니다. 왜냐하면 이때 일본은 동양의 대의를 들어 동양 평화와 대한의 독립을 굳건히 할 뜻을 가지고 세계에 선포한 뒤에 러시아를 친 것이라 그것은 하늘의 뜻을 순응한 것이므로 다행히 크게 승첩한 것입니다.

그런데 이제 만일 각하가 다시 의병을 일으켜 일본을 치신다면 그것 또한 하늘의 뜻에 순응하는 것이라 할 수 있습니다. 왜냐하면 현재 이토 히로부미가 그 공을 믿고 망령되이 건방지게 눈앞에 아무도 없는 듯 교만하고 극악해져서 임금을 속이고 백성들을 함부로 죽이며 이웃 나라와 의를 끊고 세계의 신의를 저버렸습니다. 그야말로 하늘의 뜻을 거스르는 것이니 어찌 오래갈 리가 있겠습니까?

속담에 이르기를 해가 뜨면 이슬이 사라지는 것이 이치요, 달이 차면 반드시 기우는 것이 이치라 했습니다. 각하가 임금의 거룩한 은혜를 받고도 지금처럼 나라가 위급한 때를 만나 팔짱끼고 구경만 해서야 되겠습니까? 만일 하늘이 주는 것을 받지 않으면 도리어 그 벌을 받게 되는 것인데 어찌 깨닫지 못하십니까? 바라건대 각하는 속히 큰일을 일으켜 시기를 놓치지 마십시오."

"말인 즉 옳지만 재정이나 군기를 전혀 마련할 길이 없으니 어찌할 것인가?"

"조국의 흥망이 조석에 달렸는데 팔짱끼고 앉아 기다리기만 한다면 재정과 군기가 어디 하늘에서 떨어져 내려올 것입니까? 하늘에 순응하고 사람의 뜻을 따른다면 무슨 어려움이 있겠습니까? 각하가 지금 의거를 일으키기로 결심만 하신다면, 제가 비록 재주야 없을망정 만 분의 일이라도 힘이 되겠습니다."

내가 이렇게 말했으나 이범윤은 머뭇거리며 결단을 내리지 못했다.

그곳에 또 다른 훌륭한 인물로 엄인섭과 김기룡 두 분이 있었다. 두 사람은 담략과 의협심이 뭇사람 중에 매우 뛰어났다. 그래서 나는 그분들과 형제의 의를 맺었으니, 엄이 큰 형이 되고 내가 그 다음이 되고 김이 셋째가 되었다. 그로부터 세 사람은 의리가 중하고 정이 두터워 의거할 일을 모의하면서 각 지방을 두루 돌며 많은 한국인을 만나 연설했다.

"비유하건대 한 집안에서 한 사람이 부모와 동생들과 작별하고 떠나 다른 곳에서 산 지 십여 년이 흘렀다고 합시다. 그동안 그 사람의 가산이 넉넉해지고 처자가 방에 가득하며 벗들과 서로 친하여 걱정 없이 안락하게 살게 되면, 반드시 고향 집 부모 형제를 잊어버리는 것이 자연스러운 일일 것입니다.

그러다 어느 날 고향 집 형제 중 한 사람이 찾아와 급히 말하기를 '지금 집에 큰 화가 생겼소. 요즘 다른 곳에서 강도가 와서 부모를 내쫓고 집을 빼앗아 살며 형제들을 죽이고 재산을 약탈하니 어찌 통탄할 일이 아니겠소? 그러니 형제는 속히 돌아와 위급한 것을 구해 주기를 간청하오.'라고 할 때, 그 사람 대답이 '나는 지금 여기 살며 걱정 없이 편안한데 고향 집 부모 형제가 나와 무슨 관계가 있는가?'라고 한다면 그것을 사람이라 하겠습니까, 짐승이라 하겠습니까? 하물며 곁에서 지켜보던 이들도 '저 사람은 고향 집 부모 형제도 모르는데 어찌 친구를 알 수 있을 것인가?'라고 반드시 배척하며 친구의 의를 끊어 버리고 말 것입니다. 친척을 배척하고 친구에게 버림받은 사람이 무슨 면목으로 세상을 살아가겠습니까?

동포들이여, 동포들이여! 내 말을 자세히 들어 보십시오.

현재 우리 한국의 참상을 그대들은 알고 있습니까, 모르고 있습니까? 일본과 러시아가 전쟁을 시작할 때 일본은 선전포고문에서 '동양 평화를 유지하고 한국의 독립을 굳건히 한다.'라고 했으나 오늘에 이르러서는 이와 같이 막중한 의리를 지키지 아니하고 도리어 한국을 침략하여 5조약과 7조약을 강제로 맺은 다음, 정권을 손아귀에 쥐고 황제를 폐위하고 군대를 해산하고 철도, 광산, 산림과 강을 빼앗지 않은 것이 없습니다. 관청으로 쓰던 건물과 민간의 큰 집들은 병참이라는 핑계로 모조리 빼앗고, 기름진 전답과 오래된 분묘에는 군용지라는 푯말을 꽂고 파헤쳐 화가 백골에까지 미쳤습니다. 그러니 국가의 백성으로서 또 자손으로서 어느 누가 분함을 참고 욕됨을 견딜 것입니까?

그래서 이천만 민족이 일제히 분발하여 삼천 리 강산 곳곳에 의병들이 일어나고 있습니다. 아! 슬프게도 저 강도들이 도리어 우리를 폭도라 일컬으며 군사를 풀어 토벌하고 참혹하게 살육하여 두 해 동안 해를 입은 한국인이 수십만 명에 이르렀습니다. 강토를 빼앗고 사람들을 죽이는 자가 폭도입니까, 제 나라를 지키고 외적을 막는 사람이 폭도입니까? 이것이야말로 도둑놈이 막대기 들고 나서는 격입니다.

한국에 대한 정략이 이처럼 잔인하고 포악해진 근본을 말한다면, 그것은 모두 이른바 일본의 대정치가 늙은 도둑 이토 히로부미의 악행에서 비롯된 것입니다. 한국 민족 이천만이 일본의 보호를 받길 원한다면서, 지금

이 태평무사하고 나날이 평화가 더해지고 있는 것처럼 위로 천황을 속이고 밖으로 열강의 눈과 귀를 가려 제 마음대로 농간을 부리며 못하는 일이 없으니, 어찌 통분한 일이 아니겠습니까? 우리 한국 민족이 이 도둑놈을 죽이지 않는다면 한국은 분명 없어지고야 말 것이며 동양 또한 망하고야 말 것입니다.

여러분! 여러분! 깊이 생각하십시오. 여러분은 조국을 잊었습니까? 아닙니다. 선조들의 백골을 잊었습니까? 아닙니다. 친척과 일가를 잊었습니까? 아닐 것입니다. 잊지 않았다면 이렇게 위급해서 죽느냐 사느냐 하는 때에 놓인 만큼 우리 모두 분발해 크게 깨달아야 할 것입니다. 뿌리 없는 나무가 어떻게 자랄 수 있으며, 나라 없는 백성이 어디에 살 수 있겠습니까?

만일 여러분이 외국에 산다는 이유로 조국을 돌아보지 않는다는 것을 러시아 사람들이 알면 반드시 '한국 사람들은 조국도 모르고 동족도 모르니, 어찌 외국을 도울 리 있으며 다른 종족을 사랑할 리 있겠는가? 이와 같이 백해무익한 인종은 쓸 데가 없다.'라고 평판이 들끓을 것입니다. 그러면 머지않아 러시아 국경 밖으로 쫓겨날 게 빤한 일입니다.

조국의 강토를 이미 외적에게 빼앗긴 이러한 때에 외국마저 일제히 우리를 배척해 받아 주지 않는다면, 늙은이를 업고 어린 것들을 데리고 장차 어디 가서 살 것입니까? 여러분! 폴란드 사람들이 학살된 일이나 흑룡강 위에서 있었던 청나라 사람들의 참상을 듣지 못했습니까? 만일 나라 잃어버린 인종이 강대국 사람들과 동등하다면 나라 망할 걱정을 할 이유가 어디 있겠으며, 또 강대국이라고 좋을 게 무엇이 있겠습니까? 어느 나라를 막론하고 나라 망한 인종은 그와 같이 참혹한 죽음과 학대를 피하지 못할 것입니다.

그러므로 오늘날 우리 대한 인종은 이렇게 위급한 때에 무슨 일을 하는 것이 좋겠습니까? 이리 생각해 보고 저리 생각해 보아도 결국 한번 거사를 일으키는 것보다 나은 것은 없으니 적을 치는 일 외에 다른 방법은 없다고 생각합니다. 왜 그런가 하면 지금 한국에서는 십삼 도 강산에 의병이 일어나지 않은 곳이 없으나, 만일 의병이 패하는 날에는 슬프게도 저들 간사한 도둑놈들이 옳고 그르고를 가리지 않고 폭도라는 이름을 붙여 사람을 죽이고 집집마다 불을 지를 것이니, 그런 뒤에 한국 민족이 된 사람들은 무슨 면목으로 세상에 나설 수 있을 것입니까?

그런즉 오늘 국내외를 불문하고 한국인들은 남녀노소 가릴 것 없이 총을 메고 칼을 차고 일제히 의거를 일으켜, 승패와 잘 싸우고 못 싸우고를 돌아볼 것 없이 통쾌하게 한바탕 싸움으로써 천하 후세의 부끄러운 웃음거리가 되지 않도록 해야 할 것입니다. 만일 이렇게 애써 싸우면 세계열강의 공론도 없지 않을 것이라, 독립할 수 있는 희망도 있을 것입니다. 더구나 일본은 불과 오 년 안에 반드시 러시아와 청나라, 미국 등 세 나라와 전쟁을 하게 될 것이므로, 그것이 한국의 큰 기회가 될 것입니다. 이때 한국인이 아무런 대비가 없다면 설령 일본이 진다고 해도 한국은 다시 다른 도둑의 손 안으로 들어갈 것입니다.

그러므로 오늘부터는 의병을 일으킨 후 계속해서 끊이지 않게 하고, 큰 기회를 잃지 말아야 할 것입니다. 강한 힘으로 스스로 국권을 회복해야만 건전한 독립이라 할 수 있을 것입니다. 이것은 이른바 '능히 할 수 없다고 말하는 것은 만사가 망하는 근본이요, 능히 할 수 있다고 말하는 것은 만사가 흥하는 근본'이라는 말 그대로입니다. 그래서 '하늘은 스스로 돕는 자를 돕는다'라고 한 것이니 여러분에게 묻습니다. 앉아서 죽기를 기다리는 것이 옳습니까, 분발하고 힘을 내는 것이 옳습니까? 이렇고 저렇고 간에 결심하고 각성하고 깊이 생각하여 용기 있게 전진하시기를 바랍니다."

이와 같이 연설하며 각 지방을 두루 돌았는데 듣고 보는 많은 이들이 따르겠다고 나서서 혹은 자원해서 출전도 하고, 혹은 병기도 내놓고 혹은 군자금을 내어 도왔다. 그것으로 의거의 기초를 삼기에 족했다.

9

그때 김두성과 이범윤 등이 함께 의병을 일으켰는데 그 사람들은 전에 이미 총독과 대장으로 임명된 이들이다. 나는 참모중장으로 임명되었다. 의병과 무기 등을 비밀리에 수송하여 두만강 근처에서 모인 다음 큰일을 모의하였다. 그때 내가 의견을 내어 말했다.

"지금 우리는 이삼백 명 밖에 안 되니, 적은 강하고 우리는 약하므로 적을 가볍게 여겨서는 안 됩니다. 더구나 병법에 이르기를 '비록 백번 바쁜 중에서라도 반드시 만전의 방책을 세운 연후에 큰일을 꾀해야 한다.'라고 했습니다. 지금 우리가 일으키는 한 번의 거사로는 성공할 수 없을 게 빤합니다. 한 번에 이루지 못하면 두 번, 세 번, 열 번에 이르고, 백 번 꺾어도 굴함이 없이, 금년에 이루지 못하면 내년에 다시 도모하고 다음 해, 그 다음 해, 십 년, 백 년까지 가도 좋습니다.

만일 우리 세대가 목적을 이루지 못하면 아들 세대, 손자 세대에 가서라도 반드시 대한국의 독립권을 회복한 다음에라야 멈출 것입니다. 그렇게 해서 기어이 앞으로 나감과 뒤로 물러섬, 서두름과 기다림, 앞일과 뒷일의 준비를 모두 갖춘다면 반드시 목적을 달성할 수 있을 것입니다.

그러므로 오늘은 병약하고 나이 든 이들이 앞장 서는 것이 합당합니다. 그 다음으로 청년들은 사회를 조직하고 민심을 단합시키며 아이들을 교육하여 미리 대비하고 뒷날을 준비하는 한편, 여러 가지 실업에도 힘쓰며 실력을 양성한 후에라야 큰일을 쉽게 이룰 것입니다. 모두 의견이 어떠합니까?"

내 말을 들은 사람들 중에는 좋지 않게 이야기하는 이들이 많았다. 왜냐하면 이곳 기풍이 완고해서 권세가 있는 사람이 첫째는 재산가들이요, 둘째는 주먹 센 사람들이요, 셋째는 관직이 높은 사람들이요, 넷째는 나이 많은 이들이었는데, 네 종류의 권력 가운데 나는 한 가지 권력도 가지지 못했으니 어떻게 이들을 통제할 수 있었겠는가? 그래서 나는 마음이 불쾌하여 물러나고 싶은 마음도 있었으나 이미 내친걸음이라 어찌할 길이 없었다.

그때 여러 의병장을 거느리고 부대를 나누어 출발해 두만강을 건너니 때는 1908년 6월이었다. 낮에는 숨고 밤에는 걸어 함경북도에 이르렀고, 일본 군인과 몇 차례 충돌하여 서로 간에 죽거나 다치거나 혹은 사로잡힌 자도 있었다. 그때 사로잡힌 일본 군인과 장사치들을 불러다 물었다.

"너희들은 모두 일본국 신민이다. 그런데 왜 천황의 숭고한 뜻을 받들지 않느냐? 러일전쟁을 시작할 때 선전포고문에 동양 평화를 유지하고 대한 독립을 굳건히 한다고 하지 않았느냐? 오늘에 와서 이렇게 다투고 침략하니 이것을 평화이고 독립이라 할 수 있겠느냐? 이것이 역적이나 강도가 아니고 무엇이냐?"

포로들은 눈물을 흘리며 대답했다.

"이는 우리의 본심이 아니오. 부득이한 사정으로 나온 것이 사실입니다.

사람이 세상에 태어나서 살기를 좋아하고 죽기를 싫어하는 것이 한결같은 마음인데, 더구나 우리는 만 리 바깥 전쟁터에서 참혹하게 주인 없는 원혼들이 되게 되었으니 어찌 통분하지 않겠습니까?

오늘 이렇게 된 것은 다른 까닭이 아니라 모두 이토의 잘못 때문입니다. 천황의 거룩한 뜻을 받들지 않고 제 마음대로 권세를 주물러 일본과 한국 두 나라 사이에 귀중한 생명을 무수히 죽게 하고 자기는 편안히 누워 복을 누리고 있으니 말입니다. 우리도 분개한 마음이 있지만 사세가 어찌할 수 없어 이 지경까지 이르렀습니다.

그러나 옳고 그른 역사 판단이 어찌 없겠습니까? 더구나 농사짓고 장사하는 사람들 중 한국에 건너온 이들이 더욱 어려움을 겪고 있습니다. 이와 같이 나라에 폐단이 생기고 사람들이 고달픈데 동양 평화를 어찌 돌아보며, 일본 국세가 안녕하기를 어찌 바랄 수 있겠습니까? 그러므로 우리가 비록 죽기는 하나 통탄스럽기 그지없습니다."

그는 말을 마치고는 통곡하기를 그치지 않았다. 내가 말했다.

"너희들이 하는 말을 들으니 과연 충의로운 사람들이라 하겠다. 너희들을 놓아 보내 줄 것이니 돌아가거든 그런 난신적자를 쓸어 버려라. 만일 또 그 같은 간흉한 무리들이 까닭 없이 동족과 이웃나라 사이에 전쟁을 일으키고 침해하는 언론을 내놓는 자가 있거든 모조리 쫓아가 쓸어 없애라. 그렇게 하면 그러한 자가 열 명이 되기 전에 동양 평화를 꾀할 수 있을 것이다. 너희들이 그렇게 할 수 있겠는가?"

그 일본군들은 기뻐 날뛰며 그렇게 하겠다고 했기 때문에 풀어 주었다. 그들이 말했다.

"우리가 총포를 안 가지고 돌아가면 군율을 면하기 어려울 것인데 어떻게 하면 좋겠습니까?""그러면 곧 총포를 돌려주마."

나는 이렇게 말하고 다시 일렀다.

"그대들은 속히 돌아가서 뒷날에도 사로잡혔던 이야기를 결코 입 밖에 내지 말고 삼가 큰일을 꾀하라."

그들은 천만 번 감사하면서 돌아갔다. 그 뒤 의병장들이 불평하며 말했다.

"어째서 사로잡은 적들을 놓아 주는 것이오?"

"현재 만국 공법에 사로잡은 적병을 죽이는 법은 없소. 어딘가에 가두어 두었다가 뒷날 배상을 받고 송환하는 것이 법이오. 더구나 그들의 말은 진정에서 나오는 의로운 말인데, 놓아 주지 않고 어쩌겠소?"

그러자 여러 의병이 말했다.

"저 적들은 우리를 사로잡으면 남김없이 참혹하게 죽일 것입니다. 또 우리도 적을 죽일 목적으로 이곳에 와서 풍찬노숙하며 애써 사로잡았는데 놈들을 몽땅 놓아 보낸다면 우리의 목적이 무엇입니까?"

나는 이들을 간곡히 타일렀다.

"그렇지 않소. 적들이 그렇게 폭행을 일삼는 것은 하느님과 사람들 모두 노할 일인데, 이제 우리마저 야만의 행동을 하려는 것이오? 또 일본의 사천만 인구를 모두 다 죽인 뒤에 국권을 회복하려는 계획이오?

적을 알고 나를 알면 백 번 싸워 백 번 이기는 것이오. 지금은 우리가 약하고 저들이 강하니 힘든 싸움은 할 수 없소. 그뿐 아니라 충성스런 행동과 의로운 거사를 통해 이토의 포악한 정략을 성토하여 세계에 널리 알리고 열강의 동정을 얻은 다음에야 한을 풀고 국권을 회복할 수 있을 것이오. 그것이 바로 약한 것으로 강한 것을 물리치고 어진 것으로 악한 것을 대적하는 방법이라오. 그대들은 부디 여러 말 하지 마시오."

그러나 논란이 들끓어 의병들이 따르지 않았고, 부대장 중에는 일부 부대원을 이끌고 멀리 가버리는 자도 있었다.

그리고 며칠 후 일본군의 습격을 받아 네다섯 시간 동안 교전이 있었는데, 날이 저물고 폭우가 쏟아져 지척을 분간하기 어려웠다. 장졸들이 이리저리 분산되어 얼마나 죽고 살았는지 헤아릴 수조차 없었으며 형세가 어찌할 길이 없어 수십 명과 함께 숲속에서 밤을 지냈다. 그 이튿날 육칠십 명이 서로 만나 그동안의 사연을 물었더니 각각 부대를 나누어 흩어져 갔다는 것이었다.

그때 여러 의병이 이틀이나 먹지 못해 모두 굶주린 기색이 역력했다. 제각기 살아남고자 하는데, 그 지경에 이르고 보니 창자가 끊어지고 간담이 찢어지는 것 같았지만 사세가 어찌할 수 없어 여러 대원의 마음을 달랜 뒤 마을로 들어가 보리밥을 얻어먹고 간신히 굶주림과 추위를 면했다.

그러나 의병들은 더 이상 복종하지 않고 기율도 따르지 않았다. 이러한 때에 이렇게 질서 없는 의병들을 데리고서는 손자나 오자나 제갈공명이 되살아난다 해도 어찌할 수 없을 것 같았다. 흩어진 의병들을 다시 찾고 있을 즈음 마침 복병을 만나 저격을 당했다. 남은 사람들마저 흩어져 다시는 모으기가 어려웠다.

10

나는 혼자서 산 위에 앉아 스스로 웃으며 생각했다.

'어리석구나. 저런 의병들을 데리고 무슨 일을 꾀할 수 있을 것인가? 누구를 탓하고 누구를 원망하랴.'

다시 분발하여 용기를 냈다. 앞으로 나아가 사방을 수색하다가 다행히 두서너 사람을 만나 서로 의논할 수 있었다.

"어떻게 하면 좋겠소?"

했더니 네 사람의 의견이 모두 달랐다. 어떤 이는 목숨이라도 살아남자고 하고, 어떤 이는 자결하자고 하며, 또 어떤 이는 자수하여 일본군의 포로가 되자고도 했다. 나는 한참 동안 이리저리 생각하다가 문득 시 한 수가 떠올라 동지들에게 읊어 주었다.

사나이 뜻을 품고 나라 밖에 나왔다가
큰일을 못 이루니 몸 두기 어려워라
바라건대 동포들아 죽기를 맹서하고
세상에 의리 없는 귀신은 되지 말자

시를 읊고 다시 일렀다.

"그대들은 모두 뜻대로 하시오. 나는 산 아래로 내려가 일본군과 한바탕 장쾌하게 싸워 대한국 이천만 명 중 한 사람이 된 의무를 다할 것이오. 그런 다음에는 죽어도 여한이 없겠소이다."

그러고는 총을 들고 적진을 향해 내려가는데 그 중 한 대원이 뛰어나와 붙들고 통곡하면서 말했다.

"공의 의견은 크게 잘못된 것이오. 공은 한 개인의 의무만 생각하고 수많은 생명과 뒷날의 크고 많은 사업은 돌보지 않겠다는 말이오. 오늘의 사세로는 죽는다 해도 아무 이익이 없는 일이오. 만금같이 소중한 몸인데 어찌 초개같이 버리려는 것이오? 오늘은 마땅히 다시 강동(러시아의 지명)으로 건너가서 뒷날의 좋은 기회를 기다렸다가 큰일을 도모하는 것이 십분 이치에 맞는 일이오. 어찌 깊이 헤아리지 않는 것이오!"

나는 생각을 돌이켜 말했다.

"공의 말이 참으로 옳소. 옛날 초패왕 항우가 오강에서 자결한 데는 두 가지 이유가 있었소. 하나는 무슨 면목으로 다시 강동의 어르신들을 만날 수 있겠느냐 하는 것이요, 또 하나는 강동이 비록 작을지언정 왕 노릇 하기에 충분하다는 말 때문에 화가 났던 것이오. 그래서 스스로 오강에서 목숨을 끊은 것이라오.

그때 항우가 한번 죽어 천하에 다시는 항우가 없게 되었으니 어찌 아깝지 아니하오? 안응칠도 오늘 한번 죽으면 이 세상에 다시 안응칠은 없을 것이오. 무릇 영웅이란 굽히기도 하고 버티기도 하면서 목적을 성취하는 것이니 마땅히 공의 말을 따르겠소."

비로소 네 사람이 동행하여 길을 걷다 보니 다시 서너 사람을 만나 서로 말했다.

"우리 일고여덟 명이 대낮에 적진을 뚫고 가기란 어려울 것이니 그것은 밤길을 이용하는 것만 못할 것이오."

그날 밤 장맛비가 그치지 않고 퍼부었기 때문에 지척을 분간하기 어려워 서로 길을 잃고 흩어져 세 사람만 동행하게 되었는데, 셋 모두 그곳 지리를 전혀 알지 못했다. 그뿐 아니라 구름과 안개가 하늘에 가득하고 땅을 뒤덮어 동서를 분간할 수 없었기에 어찌할 길이 없었다.

더구나 산이 높고 골짜기가 깊어 인가도 전혀 없는데, 사오 일을 헤매면서 한 끼니도 먹지 못해 배가 고프고 발에는 신발조차 신지 못했다. 굶주림과 추위의 고통은 참으로 견디기 어려웠다. 풀뿌리를 캐어 먹고 담요를 찢어 발을 싸매고서 서로 위로하고 보호하며 무작정 걷노라니 멀리서 개 짖는 소리가 들려왔다. 내가 두 사람에게 말했다.

"내가 먼저 마을 집으로 내려가 밥도 얻고 길도 물어 올 것이니 숲속에 숨어서 내가 돌아오기를 기다리시오."

인가를 찾아 내려갔더니 그 집은 일본군의 파출소였다. 일본군들이 횃불을 켜 들고 문밖으로 나오기에 그것을 보고 급히 몸을 피해 산속으로 돌아왔다. 두 사람과 의논하여 달아났는데, 그때 기력이 다 되고 정신이 어지러워 땅에 쓰러졌다. 나는 다시 정신을 차려 하늘을 우러러 기도했다.

"죽을 거라면 속히 죽고, 살 거라면 속히 살게 해 주소서."

기도를 마치고 냇물을 찾아가 배가 부르도록 물을 마신 뒤 나무 아래 누워 밤을 지냈다. 그 이튿날 두 사람이 너무나 괴로워 탄식을 그치지 않으므로 내가 타이르며 말했다.

"너무 걱정하지 마시오. 사람의 목숨은 하늘에 달렸으니 걱정할 것이 없소. 사람은 비상한 곤란을 겪은 다음에야 비상한 업을 이루는 것이고, 죽을 땅에 빠진 다음에야 살아나는 것이오. 그렇게 낙심한들 무슨 유익함이 있겠소? 천명을 기다릴 따름이오."

말은 크게 했으나 아무리 생각해 보아도 어찌할 방법이 없었다. 나는 혼자 생각하며 다짐했다.

'옛날 미국 독립의 주인공 워싱턴이 칠팔 년 동안 풍진 속에서 그 많은 곤란과 고초를 어찌 참고 견디었던가? 참으로 만고에 둘도 없는 영걸이로다. 내가 만일 훗날 일을 성취하면 반드시 미국으로 가서 특히 워싱턴을 추모하고 숭배하며 그 뜻을 기념하리라.'

그날 세 사람은 죽고 사는 것을 돌보지 않고 대낮에 인가를 찾다가 다행히 두메산골의 집 한 채를 발견했다, 주인을 불러 밥을 빌었더니 그 주인이 조밥 한 사발을 주면서 말했다.

"당신들은 머뭇거리지 말고 어서 가시오. 어제 이 아랫마을에 일본군이 와서 죄 없는 양민을 다섯 사람이나 묶어서 데려가 의병들에게 밥을 주었다는 구실로 쏘아 죽이고 갔소. 여기도 때때로 와서 뒤지는 곳이니까 달리 생각하지 말고 어서 가시오."

우리는 더 말하지 않고 밥을 안아 쥐고 산으로 올라와 세 사람이 갈라 먹었는데, 그런 별미는 세상에서 다시 구할 수 없는 맛이었다. 아마 하늘 위에 있는 신선 식당 요리일 것이니, 그때 밥을 굶은 지 이미 엿새나 지났던 것이다.

다시 산을 넘고 내를 건너 방향도 모르고 갔는데 언제나 낮에는 엎드려 숨고 밤에 걸었다. 장맛비가 그치지 않아 고초는 더욱 심했다. 며칠 후 한밤중에 또 한 집을 발견해 문을 두들기며 주인을 불렀더니 주인이 나와 나에게

"너는 필시 러시아에 입적한 자일 것이니 일본군에게 잡아 보내야겠다."

하며 몽둥이로 때리고 자기 패거리를 불러 나를 묶으려 했다. 형세가 어쩔 수 없어 몸을 피해 도망쳤다. 마침 한 좁은 길목을 지나게 되었는데 그곳은 일본군이 지키는 곳이라 어둠 속에서 지척을 사이에 두고 서로 마주치자, 일본군이 나를 향해 총을 서너 방 쏘았으나 다행히 맞지 않았다.

급히 두 사람과 함께 산속으로 피해 들어가 다시는 감히 큰길로 나가지 못하고 산골로만 다녔는데, 사오 일 동안 전과 같이 밥을 얻어먹지 못해 춥고 굶주린 상태가 전보다 더 심했다. 그래서 나는 두 사람에게 권했다.

"두 형은 내 말을 믿고 들으시오. 세상 사람이 만일 천지간 큰 임금이요 큰 아버지인 천주님을 신봉하지 않으면 금수만도 못한 것이오. 더구나 오늘 우리는 죽을 지경을 면하기 어렵게 되었으니 속히 천주 예수의 진리를 믿어 영혼의 영생을 얻는 것이 어떻소? 옛 글에도 아침에 도를 들으면 저녁에 죽어도 좋다고 하였소. 형들은 속히 지난날의 허물을 회개하고 천주님을 믿어 영생하는 구원을 받는 것이 어떻소?"

그러고는 천주가 만물을 창조해 만드신 도리와 지극히 공평하고 지극히 의롭게 선악을 상벌하는 도리, 예수 그리스도가 세상에 내려오셔서 구속하는 도리를 낱낱이 권면했다. 두 사람이 다 들은 뒤에 천주교를 믿겠노라고 말했기에 곧 교회의 규칙대로 대리세례를 주고 예를 마쳤다.

다시 인가를 찾던 중 다행히 깊은 산 외진 곳에 집 한 채가 있어 문을 두

드려 주인을 부르니 이윽고 한 노인이 나왔다. 방으로 들어가 인사를 마치고 밥을 좀 달라고 청하자 즉시 동자를 불러 한상 가득 음식을 차려 내왔다 (산중 별미는 산나물과 과일이었다). 염치를 생각할 겨를도 없이 한바탕 배부르게 먹은 뒤 정신을 돌이켜 생각해 보니 열이틀 동안 단 두 끼 밥만 먹고 목숨을 건져 여기까지 온 것이었다. 노인에게 크게 감사하면서 전후에 겪은 고초를 낱낱이 이야기하자 그가 말했다.

"이렇게 나라가 위급한 때에 그와 같은 고난은 국가 백성의 의무라오. 흥이 다하면 슬픔이 오고, 괴로움이 다하면 즐거움이 온다는 말이 있지 않소? 걱정하지 마시오. 그런데 이제 일본군들이 곳곳을 뒤지고 있으니 길 가기가 참으로 어려울 것이오. 그러니 꼭 내가 지시하는 대로 가시오."

그는 어디로 해서 어디로 가면 편리하며 두만강이 멀지 않으니 속히 건너 돌아가 훗날 좋은 기회를 잡고 큰일을 도모하라고 일러 주었다. 내가 이름을 물었으나 노인은

"그것은 깊이 알 것 없소."

하고 웃으며 대답하지 않았다.

그래서 노인에게 감사 인사를 드리고 작별한 뒤 그의 지시대로 하여 며칠후 세 사람 모두 무사히 강을 건넜다. 그제야 겨우 마음을 놓고 어느 시골집에 이르러 며칠 동안 편안히 쉴 때 비로소 옷을 벗어보니 몸은 상처투성이고 이가 득실거려 셀 수조차 없었다.

출전한 때부터 날짜를 헤아려 보니 무릇 한 달 반인데, 숙소도 없이 언제나 노숙으로 밤을 지냈고 장맛비가 그침 없이 퍼부어 백 가지 고초를 겪었다. 붓 한 자루로는 적기 어려울 정도였다.

11

나는 러시아 영토인 얀치혜 방면에 이르렀다.

친구들과 만나서도 서로 알아보지 못했는데, 피골이 상접하여 옛 모습이 전혀 없었기 때문이었다. 천만 번 생각해 보아도 천명이 아니었다면 살아 돌아올 수 없었던 일이었다. 그곳에서 십여 일 묵으며 치료한 뒤 블라디보스토크에 이르니 그곳 동포들이 환영회를 준비해 놓고 나를 초청했다. 하지만 나는 사양하며 말했다.

"패전한 장수가 무슨 면목으로 여러분의 환영을 받을 수 있겠소?"

그러자 여러 사람이 말했다.

"한 번 이기고 지는 것은 병가상사인데 무엇이 부끄럽소? 더구나 그처럼 위험한 데서 무사히 살아 돌아왔으니 어찌 환영해야 할 일이 아니겠소?"

다시 그곳을 떠나 하바롭스크 방면으로 기선을 타고 흑룡강 상류 수천 리를 시찰하며 때로는 뜻있는 한국인의 집을 방문했디. 그 뒤 다시 수청 등지에 이르러 교육에 힘쓰기도 하고 사회단체를 조직하기도 하면서 각 방면을 두루 다녔다.

어느 날 산골짜기 아무도 없는 곳을 지나갈 때였다. 갑자기 어떤 흉악한 놈들 대여섯 명이 뛰어나와 나 한 사람을 묶고 이렇게 말했다.

"의병대장을 잡았다."

그러자 나와 동행한 두 사람은 도망치고 말았다. 그놈들이 내게 말했다.

"너는 어째서 정부에서 엄금하는 의병을 감히 일으켰느냐?"

내가 대답했다.

"현재 이른바 우리 한국 정부는 형식적으로는 있는 것 같지만, 그 내용은 이토 한 개인의 정부에 불과하다. 한 사람의 한국인으로서 정부의 명령에 복종한다는 것은 실상 이토에게 복종하는 것이나 다름없다."

그러자 놈들은

"두말할 것 없이 때려 죽여야 한다."

라고 하면서 수건으로 내 손목을 묶어 눈 바닥에 쓰러 뜨려 놓고 마구 때리는 것이었다. 나는 큰 소리로 꾸짖었다.

"너희들이 여기서 나를 죽이면 그래 무사할 것 같으냐? 아까 나와 동행했던 두 사람이 도망해 갔는데, 그들이 반드시 우리 동지들에게 알릴 것이다. 너희들을 뒷날 모조리 다 죽여 버릴 것이니 알아서 해라."

저들은 내 말을 듣고 서로 귓속말로 소곤거렸다. 필시 나를 죽일 수 없다고 의논하는 것 같았다. 이윽고 나를 이끌고 산속의 어떤 초가집 안으로 들어가, 어떤 놈은 나를 때리고 어떤 놈은 말리기도 했다. 내가 좋은 말로 타이르며 풀어 달라고 권했으나 그들은 아무 말도 대답하지 못하다가 자기들끼리 이야기했다.

"김가, 네가 처음 끌어낸 일이니 네 마음대로 해라. 우리는 관계하지 않겠다."

그러자 그 김가라는 자가 나를 끌고 산 아래로 내려갔다. 내가 한편으로 설득하고 다른 한편으로 따지자 김가도 이치에 맞아 어쩔 수 없다고 생각했는지 아무 말 없이 나를 풀어 주었다. 그들은 모두 일진회의 남은 도당들로 본국에서 이곳으로 피난해 온 놈들이었다. 마침 내가 지나간다는 말을 듣고 그와 같은 행동을 한 것이었다. 그때 나는 빠져 나와 죽음을 면하고, 친구 집을 찾아가 상처를 치료하며 그해 겨울을 지냈다.

이듬해(1909년) 기유년 정월에 얀치혜 방면으로 돌아와 동지 열 두 사람과 상의하며 말했다.

"우리가 그동안 아무 일도 이루지 못했으니 남의 비웃음을 면하기 어려울 것이오. 그뿐 아니라 만일 특별한 단체가 없다면 어떤 일이고 간에 목적을 달성하기 어려울 것이오. 그러니 오늘 우리가 손가락을 끊어 함께 맹서하고 표시를 남긴 다음, 마음과 몸을 하나로 묶어 나라를 위해 몸 바쳐 목적을 달성하도록 하는 것이 어떻소?"

그러자 모두 그대로 따르겠다고 했다. 마침내 열 두 사람이 각각 왼손 약지를 끊어 그 피로 태극기 앞면에 글자 넉 자를 크게 쓰니 "대한독립(大韓獨立)"이었다. 글자를 다 쓰고 대한독립 만세를 일제히 세 번 외친 다음 하늘과 땅에 맹서하고 헤어졌다.

그 뒤 여러 곳을 왕래하며 교육에 힘쓰고 백성의 뜻을 단합시키며 신문 구독을 권장했다. 그때 갑자기 정대호의 편지를 받고 찾아가 고향 집 소식을 자세히 들을 수 있었다. 나는 가족들을 데려 오도록 부탁하고 돌아왔다.

봄여름 사이에 동지 몇 사람과 함께 한국으로 들어가 여러 가지 동정을 살피고자 했으나 여비를 마련할 길이 없어 목적을 이루지 못했다. 부질없이 세월이 흘러 어느새 초가을 9월이 되니 때는 1909년 9월이었다. 그때 나는 얀치헤 방면에 머무르고 있었는데 하루는 갑자기 아무 까닭도 없이 마음이 울적해지며 초조함을 이길 수 없고 스스로 진정하기 어려워 친구 몇 사람에게 말했다.

"나는 지금 블라디보스토크로 가려 하네."

그들이 말했다.

"왜 그러는가? 아무런 기약도 없이 갑자기 간다는 건가?"

"나도 그 까닭을 모르겠네. 저절로 마음에 번민이 일어나 도무지 이곳에 더 머물고 싶은 생각이 없기에 떠나려 하네."

"이제 가면 언제 오는 것인가?"

나는 무심결에 대답했다.

"다시는 돌아오지 않겠다."

그들은 무척 이상하게 생각했을 것이다. 나 역시 생각 없이 그런 대답을 했다. 이에 서로 작별하고 길을 떠나 보로실로프 항에 도착해 제 때에 기선을 만나 올라탔다(이 항구에서는 기선이 일주일에 한두 번 블라디보스토크를 왕복한다고 한다). 블라디보스토크에 이르러 들으니 이토 히로부미가 장차 이곳에 올 것이라는 소문이 자자했다. 그래서 자세한 내막을 알고 싶어 여러 신문을 사서 읽었더니, 가까운 시일 내에 하얼빈에 도착할 것이라는 보도가 사실인 듯했다. 나는 혼자 남몰래 기뻐했다.

'여러 해 소원하던 목적을 이제야 이루게 되다니, 늙은 도둑이 내 손에서

끝나는구나!'

그러나 이곳에 온다는 말은 아직 자세하게 밝혀지지 않았기 때문에 하얼
빈으로 가야 일을 성공할 것 같았다. 곧바로 일어나 떠나고 싶었지만 여비
를 마련할 길이 없어 이리저리 궁리하다가 마침 이곳에 살고 있는 황해도
의병장 이석산을 찾아갔다.

그때 이 씨는 마침 다른 곳으로 가려고 행장을 꾸려 문을 나서는 참이었
다. 그를 급히 불러 조용한 방으로 들어가 돈 백 원만 빌려 달라고 청했다.
그러나 이 씨는 들어 주지 않았다. 상황이 이렇게 되고 보니 사세를 어찌할
길이 없어 위협적으로 백 원을 빼앗다시피 하여 돌아왔다. 일이 반은 이루
어진 것 같았다.

12

이때 동지 우덕순을 불러 거사 계획을 비밀리에 약속한 다음 각자 권총을 휴대하고 곧 길을 떠났다. 기차를 타고 가면서 생각하니 두 사람 모두 러시아 말을 전혀 모르므로 걱정이 적지 않았다. 그래서 도중에 쑤이펀허 지방에 이르러 유동하를 불러내 부탁했다.

"지금 내가 가족들을 맞이하기 위해 하얼빈으로 가는데 러시아 말을 몰라 답답하네. 자네가 거기까지 같이 가서 통역을 해 주고 여러 가지 일을 주선해 줄 수 없겠는가?"

그러자 유동하가 말했다.

"저 역시 약을 사러 하얼빈으로 가려던 참이니 같이 가는 게 좋겠습니다."

우리는 곧 길을 떠나 동행하며 이튿날 하얼빈에 있는 김성백의 집에 이르러 유숙하고 다시 신문을 얻어 보며 이토가 오는 날짜를 자세히 탐지했다. 그 이튿날 다시 남쪽 창춘 등지로 가서 거사하고도 싶었으나 유동하가 본래 나이 어린 사람이라 곧 자기 집으로 돌아가겠다고 하기에 다시 통역할 사람을 찾아야 했다.

그러던 중 마침 조도선을 만나 가족들을 맞이하기 위해 남쪽으로 가는 길인데 같이 가자고 했더니 그가 바로 승낙했다. 그날 밤도 김성백의 집에서 묵었다.

그때 여비가 부족할까 걱정스러워 유동하를 시켜 김성백에게 가서 오십 원을 빌려 오게 했다. 빌려 주면 머지않아 갚겠노라 말하라고 했는데, 유동하가 김성백을 찾아갔으나 밖에 나가고 없어 그냥 돌아왔다. 당시 나는 홀로 여관방 등불 밑 차디찬 상 위에 앉아 잠깐 동안 장차 행할 일을 생각하며 강개한 마음을 이길 길 없어 시 한 수를 읊었다.

> 장부가 세상에 처함이여 그 뜻이 크도다
> 때가 영웅을 지음이여 영웅이 때를 지으리로다
> 천하를 웅시함이여 어느 날에 업을 이룰고
> 동풍이 점점 차가우니 장사의 뜻이 뜨겁도다
> 분개히 한 번 감이여 반드시 목적을 이루리로다
> 쥐새끼 같은 도적 이토여 어찌 감히 목숨을 갖출고
> 어찌 이에 이를 줄을 헤아렸으리요
> 사세가 고연하도다
> 동포 동포여 속히 대업을 이룰지어다
> 만세 만세여 대한 독립이로다
> 만세 만만세여 대한 동포로다

이렇게 읊고는 다시 편지 한 장을 써서 블라디보스토크에 있는 대동공보사에 붙이려 했다. 그 의도는 우리가 행하는 거사의 목적을 신문에 널리 알리고, 다른 한편 유동하가 만일 김성백에게서 오십 원을 빌려 온다면 갚아 줄 방책이 없기 때문에 대동공보사가 대신 갚도록 하려는 뜻에서 잠깐 동안 꾀를 부렸던 것이다. 편지를 다 쓰자 유동하가 돌아왔는데 돈을 빌리지 못했다고 하기에 잠을 이루지 못하고 그날 밤을 지새웠다.

이튿날 이른 아침 우덕순, 조도선, 유동하 세 사람과 함께 정거장으로 갔다. 조도선에게 남청열차가 서로 바뀌는 정거장이 어디인지 역무원에게 묻게 했더니 차이자거우라고 하는 것이었다. 우덕순, 조도선 두 사람과 나는 곧 유동하를 보내고 열차를 탄 뒤 남행하여 차이자거우역에 이르렀다. 차에서 내려 여관을 정하고 유숙하고는 역무원에게 물었다.

"이곳 기차는 매일 몇 차례씩 내왕하오?"

"매일 세 번씩 내왕하는데, 오늘 밤에는 특별열차가 하얼빈에서 창춘으로 떠나 일본 대신 이토를 영접해 모레 아침 여섯 시에 여기 이를 것입니다."

이처럼 분명한 정보는 이때 처음 듣는 확실한 소식이었다. 그래서 다시 깊이 헤아려 생각해 보았다.

'모레 아침 여섯 시쯤이면 아직 날이 밝기 전이니 이토가 이 정거장에 내리지 않을지도 모른다. 또 설령 차에서 내려 시찰한다 해도 어둠 속이라 진짜인지 가짜인지 분간할 수 없을 것이다. 더구나 내가 이토의 모습을 모르는데 어찌 능히 일을 치를 수가 있을 것이랴.'

다시 앞서 창춘 등지로 가고 싶어도 여비가 부족하니 어쩌면 좋을지 이런 저런 생각에 마음만 몹시 괴로웠다. 그때 유동하에게 전보를 보냈다.

"우리는 여기 이르러 하차했다. 만일 그곳에 긴급한 일이 있거든 전보를 치기 바란다."

황혼이 된 뒤 답전이 왔으나 그 말뜻이 전연 분명하지 않았다. 너무나 의아해 그날 밤 충분히 깊이 생각하고 다시 좋은 방책을 헤아린 뒤 이튿날 우덕순과 상의했다.

"우리가 이곳에 같이 있는 것은 좋은 방법이 아니오. 첫째는 돈이 부족하고, 둘째는 유동하의 답전이 심히 의심스럽고, 셋째는 이토가 내일 새벽 여기를 지나갈 터인 즉 일을 치르기가 어려울 것이기 때문이오. 만일 내일의 기회를 잃어버리면 다시는 일을 도모하기가 어려울 것이오. 그러므로 그대는 여기 머물며 내일의 기회를 기다려 틈을 보아 행동하고, 나는 오늘 하얼빈으로 돌아가 두 곳에서 일을 치르면 확실히 성공할 것이오.

만일 그대가 일을 성공하지 못하면 내가 꼭 성공할 것이요, 내가 못하면 그대가 꼭 성공해야 하오. 또 만일 두 곳에서 다 뜻대로 되지 않는다면 여비를 마련한 다음 다시 상의해서 거사하는 것이 가장 완전한 방책일 것이오."

이에 서로 작별한 후 나는 기차를 타고 하얼빈으로 돌아왔다. 다시 유동하를 만나 전보의 의미를 물었으나 그의 답변이 여전히 분명하지 않아 내가 성을 내어 꾸짖었더니 유동하는 말도 없이 문밖으로 나가 버렸다. 그날 밤 나는 김성백의 집에 묵었다.

이튿날 아침 일찍 일어나 새 옷을 모조리 벗고 수수한 양복으로 갈아입은 뒤 권총을 지니고 바로 정거장으로 갔다. 이때가 오전 일곱 시쯤이었다. 거기에 이르러 보니 러시아 장관과 군인들이 많이 와서 이토를 영접할 준비를 하고 있었다. 나는 찻집에 앉아 차를 두서너 잔 마시며 기다렸다.

아홉 시쯤 되어 이토가 탄 특별열차가 도착했고 주변은 인산인해를 이루었다. 나는 찻집 안에서 동정을 살피며 생각했다.

'언제 저격하는 것이 좋을까?'

십분 생각하며 미처 결정을 내리지 못할 즈음, 이윽고 이토 일행이 열차에서 내려오자 도열해 있던 군대가 경례하고 군악소리가 하늘을 울리며 귀를 때렸다. 그 순간 분한 생각이 북받쳐 일어나고 삼천 길 불같은 노여움이 머릿속에서 치솟아 올랐다.

'어째서 세상 일이 이 같이 공평하지 못한가. 슬프다! 이웃 나라를 강제로 빼앗고 사람의 목숨을 참혹하게 해치는 자는 이렇게 날뛰고 조금도 꺼림이 없는데, 죄 없이 어질고 약한 인종은 이처럼 곤경에 빠져야 한단 말인가.'

나는 더 말할 것 없이 뚜벅뚜벅 걸어 용기 있게 나아갔다. 군대가 도열해 있는 후미에 이르러 바라보니, 맨 앞 가운데서 러시아 관리들의 호위를 받으며 누런 얼굴에 흰 수염을 가진 일개 조그마한 늙은이가 염치없이 감히 천지 사이를 활보하며 오고 있었다.

'저것이 필시 늙은 도적 이토일 것이다.'

나는 곧 권총을 뽑아 들고 이토의 오른쪽을 향해 네 발을 쏘았다. 그 순간 생각해 보니 여러 의아심이 일어났는데, 내가 본래 이토의 모습을 모르기 때문이었다. 만일 잘못 쏜 것이라면 거사가 낭패가 될 판이었다. 그래서 다시 뒤쪽을 향해 일본인 일행 가운데 가장 의젓해 보이는 자를 새로 목표 삼아 세 발을 연이어 쏘았다. 그 뒤 다시 생각해 보니 만일 무죄한 사람을 잘못 쏜 것이라면 일은 불미스럽게 될 것이었다. 그렇게 잠깐 멈추어 생각하며 머뭇거리는 사이에 러시아 헌병이 와서 나를 붙잡았다. 이때가 바로 1909년 10월 26일(음력 9월 13일) 오전 아홉 시 반쯤이었다.

나는 곧 하늘을 향해 큰 소리로 대한 만세를 세 번 외쳤다. 그러고는 곧바로 정거장 헌병 분파소로 붙잡혀 들어갔다. 온 몸을 검사한 뒤 조금 있다가 러시아 검찰관이 한국인 통역관과 같이 와서 성명과 국적, 거주지를 묻고 어디서 왔는지, 무슨 까닭으로 이토를 쏘았는지 물었다. 대강을 설명해 주었는데 통역하는 한국인의 말을 잘 알아들을 수 없었다.

그때 사진을 찍는 사람이 두서너 명 있었다. 오후 여덟, 아홉 시쯤 러시아 헌병장관이 나를 마차에 태워 어느 방향인지 알 수 없는 곳으로 가서 일본 영사관에 이르러 넘겨주고 가 버렸다. 그 뒤 이곳 관리가 두 차례나 신문했고, 사오 일 후에는 미조부치 검찰관이 와서 다시 신문했다. 나는 전후 사실을 세세하게 공술했는데, 이토를 가해한 이유를 또 묻기에 이렇게 대답했다.

1. 한국의 명성황후를 시해한 죄
2. 한국의 고종황제를 폐위한 죄
3. 5조약과 7조약을 강제로 체결한 죄
4. 무고한 한국인들을 학살한 죄
5. 정권을 강제로 빼앗은 죄
6. 철도, 광산, 산림, 하천을 강제로 빼앗은 죄
7. 제일은행권 지폐를 강제로 사용하게 한 죄
8. 군대를 강제로 해산한 죄
9. 민족 교육을 방해한 죄
10. 대한인들의 외국 유학을 금지한 죄
11. 교과서를 압수하여 불태워 버린 죄

12. 한국인이 일본인의 보호를 받고자 한다고 세계에 거짓말을 퍼뜨린 죄

13. 현재 한국과 일본 사이에 전쟁이 쉬지 않고 살육이 끊이지 않는데 한국이 태평무사한 것처럼 위로 천황을 속인 죄

14. 대륙 침략으로 동양 평화를 깨뜨린 죄

15. 일본 천황의 아버지 태황제를 죽인 죄

검찰관이 다 듣고 난 뒤 놀라며 말했다.

"이제 진술하는 말을 들으니 참으로 동양의 의사라 하겠다. 당신이 의사라면 반드시 사형 당하는 법은 없을 것이니 걱정하지 말라."

나는 대답했다,

"내가 죽고 사는 것은 논할 것 없고, 이 뜻을 속히 일본 천황에게 이르시오. 그래서 속히 이토의 옳지 못한 정략을 고쳐 동양의 위급한 대세를 바로 잡도록 하기를 간절히 바라오."

내가 말을 마치자 또 지하실 감옥에 가두더니 다시 사오 일 뒤 이렇게 말했다.

"오늘은 여기서 뤼순구로 갈 것이다."

그때 보니 우덕순, 조도선, 유동하, 정대호, 김성옥과 또 얼굴을 알지 못하는 사람 두세 명이 모두 결박되어 함께 정거장에 이르러 기차를 타고 떠났다. 이날은 창춘 헌병소에 도착해 밤을 지내고 이튿날 다시 기차를 타고 어느 정거장에 이르렀는데, 일본 순사 한 명이 올라와 갑자기 내 뺨을 주먹으로 후려갈겼다. 내가 성이 나서 욕을 하자 헌병정교가 곁에 있다가 그 순사를 끌어 기차에서 내려 보낸 뒤 나에게 말했다.

"일본이나 한국이나 이처럼 좋지 못한 사람이 있으니 성내지 마시오."

그 이튿날 뤼순구에 이르러 감옥에 갇히니 때는 11월 3일쯤이었다.

이로부터 감옥에 갇힌 뒤로 날마다 차츰 가까이 지내게 되는 중에 전옥과 경수계장과 일반 관리들이 나를 후대하므로 마음속으로 이것이 꿈인지 생시인지를 의심했다.

"같은 일본인인데 어째서 이 같이 서로 다른 것인가? 한국에 와 있는 일본인은 강폭하기가 말할 수 없는데, 뤼순구에 와 있는 일본인은 어째서 이렇게 어질고 후한가? 한국과 뤼순구에 있는 일본인들의 종자가 달라 그런 것인가? 풍토와 기후가 달라 그런 것인가? 한국에 있는 일본인들은 절대 권력자인 이토가 악하기 때문에 그 마음을 본떠 그리하고, 뤼순구에 있는 일본인들은 도독이 인자해서 그 덕에 감화되어 그런 것인가?"

아무리 생각해 보아도 그 까닭을 알 수 없었다. 그 뒤 미조부치 검찰관이 한국어 통역관 소노키와 함께 감옥에 와서 십여 차례 신문했는데 그동안 주고받은 이야기들은 낱낱이 다 쓰지 못한다(상세한 것은 검찰관의 기록에 있기 때문에 구태여 다시 쓰지 아니한다).

검찰관은 늘 나를 후대하고 신문이 끝난 뒤에는 언제나 이집트 담배를 주었기 때문에 담배를 피워가며 공정한 토론도 했다. 그의 얼굴에는 나를 동정하는 빛이 나타나 있었다. 하루는 영국인 변호사 한 사람과 러시아인 변호사 한 사람이 찾아와 내게 말했다.

"우리 두 사람은 블라디보스토크에 있는 한국 사람들의 위임을 받고 와서 변호를 하려는 것이오. 법원으로부터는 이미 허가를 받았으니 공판하는 날 다시 와서 만나겠소."

나는 마음속으로 크게 놀랐고, 조금 이상스러운 생각도 들어 몹시 의아했다.

'일본의 문명 수준이 이 정도인 것인가? 내가 이전에 생각하지도 못했던 일이다. 오늘 영국, 러시아 변호사들을 허용해 주는 것을 보니 과연 세계에서 일등 국가의 행동이라 할 만하다. 그러면 내가 오해했던 것인가? 이런 과격한 수단을 쓴 것이 망동이었던가?'

이때 한국 내무부 경시인 일본인 사카이가 왔는데 그는 한국어를 굉장히 잘하는 사람이라 날마다 만나 이야기를 했다. 일본과 한국 두 나라 사람이 서로 의견을 주고받으니 정치적 견해는 서로 크게 다를망정, 개인적 인정은 차츰 친근해져서 정다운 옛 친구와 다를 것이 없었다. 어느 날 나는 사카이에게 물었다.

"일전에 영국, 러시아 두 나라 변호사가 여기 왔었는데 법원 관리가 공평하게 나를 변호할 수 있도록 진심으로 허가해 준 것이오?"

"정말로 그러하오."

"과연 그렇다면 동양의 특색이 있는 일이오. 그러나 만일 그렇지 않다면 나의 일에 대해서는 해로울지언정 이로움은 없을 것이오."

우리는 서로 웃으며 헤어졌다.

전옥 구리하라와 경수계장 나카무라도 항상 나를 보호해 주고 후대했다. 매주일에 한 번씩 목욕을 시켜 주고 날마다 오전 오후 두 차례씩 감방에서 사무실로 데리고 나와 각국의 고급 담배며 서양과자, 차를 주어 배불리 먹기도 했다.

또 아침 점심 저녁 세 끼를 상등품의 쌀밥을 주었고 내복으로 상등품 한

벌을 갈아입혔으며, 솜이불 네 채를 특별히 주었고, 밀감과 배, 사과 등 과일을 날마다 두서너 차례씩 넣어 주었다. 우유도 날마다 한 병씩 주었는데 이 것은 소노키가 특별히 대접하는 것이었고, 미조부치 검찰관은 닭고기와 담배 등을 넣어 주었다. 이렇게 특별히 대우해 준 것에 대해서는 감사한 마음을 이루 다 말하기 어렵다.

11월쯤 되어서다. 동생 정근과 공근 두 사람이 한국 진남포에서 이곳으로 와서 반갑게 만나 면회했는데 서로 작별한 지 삼 년 만에 처음 보는 것이라 꿈인지 생시인지 깨닫지 못했다. 그로부터 항상 사오 일마다 혹은 십여 일 간격으로 계속 만나 이야기를 나누었다. 한국인 변호사를 초청하는 일이라든가 천주교 신부를 초청해 종부성사를 받는 일 등을 부탁하기도 했다.

그 뒤 하루는 검찰관이 또 와서 신문하는데 그 말과 태도가 이전과 아주 달랐다. 강압적이고 억설도 하며 때로는 능욕하고 모멸하기를 서슴지 않았다. 그래서 이런 생각이 들었다.

'검찰관 생각이 이렇게 돌변한 것은 본심이 아니라 어디서 딴 바람이 불어 닥쳤기 때문일 것이다. 그야말로 도심은 희미하고 인심은 위태롭다더니 헛된 말이 아니로구나.'

나는 분해서 대답했다.

"일본이 비록 백만 명 군사를 가졌고 또 천만 문 대포를 갖추었다 해도 안응칠의 목숨 하나 죽이는 권세 말고 달리 무슨 권세가 있을 것인가? 사람이 세상에 나서 한 번 죽으면 그만인데 무슨 걱정이 있을 것인가? 나는 더 대답할 말이 없으니 마음대로 하라."

이때부터 앞으로의 일이 크게 잘못되고 공판도 반드시 잘못된 재판이 되리라는 점이 명확해졌다. 더욱이 발언권이 금지되어 목적이나 의견을 진술할 도리가 없었다. 모든 사태를 숨기고 속이려는 태도가 현저했다. 이것이 무슨 까닭인지 생각해 보았다.

'이것은 반드시 굽은 것을 곧게 만들고 곧은 것을 굽게 만들려는 것이다. 하지만 법은 거울과 같아 털끝만큼도 어긋날 수가 없다. 내가 한 일은 시비 곡직이 이미 명백한데 무엇을 숨기며 무엇을 속일 것이냐? 잘난 사람이나 못난 사람이나 옳고 아름다운 일은 밖으로 자랑하려 하고, 남이 꺼리는 악하고 더러운 일은 반드시 숨기려는 것이 세상 인정이다. 그것을 미루어 생각하면 알 수 있다.'

이때 나는 큰 분노를 감당할 수 없어 두통이 심해졌다가 며칠 뒤에야 나았다. 그 뒤 한 달 남짓을 무사히 지냈는데 이 또한 이상한 일이었다. 하루는 검찰관이 나에게 말했다.

"공판일이 이미 육칠 일 후로 정해졌다. 영국과 러시아 변호사는 일체 허가할 수 없고 이곳에 있는 관선 변호사만 쓸 수 있다."

나는 속으로 생각했다.

'내가 전에 바랐던 상등, 중등 두 가지 판결은 지나친 생각이었다. 이제는 어떤 판결이든 하등 판결에 지나지 않을 것이다.'

그 뒤 공판 첫날 법원 공판석에 이르니 정대호, 김성옥 등 다섯 사람은 이미 무죄로 풀려나 돌아갔고 우덕순, 조도선, 유동하 세 사람은 나와 함께 피고로 출석했다. 방청인은 수백 명이었다. 한국인 변호사 안병찬 씨와 전에 허가를 받았던 영국인 변호사도 와서 참석했으나 변호권을 허가받지 못했기 때문에 방청만 할 따름이었다.

이때 재판관이 출석하여 검찰관이 신문한 문서를 보고 대충 심문했는데 내가 의견을 자세하게 진술하려 하면 내 말을 회피하고 입을 막아 설명할 도리가 없었다. 나는 그 이유를 이미 알고 있었기 때문에 하루는 기회를 틈타 목적 몇 가지를 설명했다. 그러자 재판관이 크게 놀라 자리에서 일어나 방청을 금지시키고 다른 방으로 가 버렸다. 나는 속으로 생각했다.

'내 말 속에 칼이 있어 그러는 것인가, 총과 대포가 있어 그러는 것인가? 아마 맑은 바람이 한번 불면 쌓여 있는 먼지가 모두 흩어지는 것과 같아 그러는 것이리라. 그것은 다른 까닭이 아니다. 내가 이토의 죄명을 말하는 중에 일본의 고메이 천황을 죽인 대목에 이르자 그처럼 자리를 박차고 일어났으리라.'

잠시 후 재판관이 다시 출석해 말했다.

"다시는 그러한 말을 하지 마라."

나는 얼마 동안 묵묵히 앉아 혼자 생각했다.

'마나베 판사가 법률을 몰라서 이러는 것인가, 이토가 세운 관리라 이러는 것인가? 어째서 이러는 것인가? 가을바람에 취하기라도 했단 말인가? 내가 오늘 당하는 이 일은 진짜인가 꿈인가? 나는 당당한 대한의 국민인데 왜 오늘 일본 감옥에 갇혀 있으며, 더욱이 일본 법률의 심판을 받는 까닭은 무엇인가? 내가 언제 일본에 귀화라도 했단 말인가? 판사도 일본인, 검사도 일본인, 변호사도 일본인, 통역관도 일본인, 방청인도 일본인! 이것이야말로 벙어리가 연설하는 자리에 귀머거리가 방청하는 꼴이 아닌가. 이것은 꿈속 세계인가. 꿈이라면 어서 깨어나라. 확실히 깨어나라!'

이러한 때에 설명을 해서 무엇 하겠는가. 그 어떤 이야기도 소용없었다.

그래서 나는 웃으며 대답했다.

"재판관 마음대로 하시오. 나는 아무 말도 하지 않겠소."

그 이튿날 검찰관이 피고의 죄상을 설명하며 하루 종일 쉬지 않고 입술과 혓바닥이 닳도록 말하다가 기진해서야 끝냈다. 마침내 내린 구형은 나를 사형에 처하는 것뿐이었다. 사형을 구형하는 이유를 물었더니 그가 이렇게 말했다.

"이런 사람이 세상에 살아 있으면 많은 한국인이 그 행동을 본뜰 것이고, 그렇게 되면 일본인들이 겁나 스스로를 보전할 도리가 없을 것이기 때문이다."

나는 냉소하며 속으로 생각했다.

'자고로 천하 각국에 협객과 의사가 끊일 날이 없는데 그들이 모두 나를 본뜬 것인가? 속담에 누구를 막론하고 열 사람의 재판관과 친해지기보다 단 한 가지라도 죄가 없기를 바라야 한다고 하더니, 그것이 과연 옳은 말이다. 만일 일본인이 죄가 없다면 무엇 때문에 한국인을 겁낼 것인가? 그 많은 일본인 가운데 왜 굳이 이토 한 사람만 해를 입었던가? 오늘날 한국인을 겁내는 일본인이 있다면 그야말로 이토와 같은 목적을 가진 사람이 아니겠는가?

더구나 내가 사사로운 원한으로 이토에게 해를 가했다고 하는데, 나는 본래 이토를 알지도 못하거늘 무슨 사사로운 감정이 있을 것인가? 만일 내가 사사로운 원한 때문에 그렇게 했다면, 검찰관은 나와 무슨 사사로운 감정이 있어 이러는 것인가? 검찰관이 하는 말대로라면 세상에는 공법과 공사가 없고 모두 사사로운 감정과 사사로운 혐의에서 비롯된다고 해야 할 것이다. 그렇다면 미조부치 검찰관이 사사로운 감정으로 나에게 사형을 구형하는 데 대해 또 다른 검찰관이 미조부치의 죄를 심사한 뒤 형벌을 구형하는 것 공리에 합당하지 않은가? 그렇게 된다면 세상 일이 언제 끝나겠는가?

또 이토가 일본 천지에서 가장 높고 큰 인물이기에 사천만 일본 백성이 모두 그를 존경하고, 그렇기 때문에 내 죄를 극히 중대하게 다뤄 중벌을 청구하는 것이리라. 그렇다면 왜 하필 사형을 구형하는 것인가? 일본인이 재주가 없어 사형 외에 그보다 더한 중대한 형벌을 미리 마련해 두지 못해서인가? 좀 더 감경해 준다고 생각해서 그런 것인가?'

천 번 만 번 생각해 보아도 이유와 시비를 분간할 길이 없으니 의아할 따름이었다. 그 이튿날 미즈노, 가마다 두 변호사가 변론하며 말했다.

"피고의 범죄는 분명하고 의심할 여지가 없으나 그것은 오해에서 비롯된 일이므로 그 죄가 중대하지는 않습니다. 더구나 일본의 사법관은 한국 국민을 관할할 권리가 없습니다."

이에 내가 분명히 말했다.

"이토의 죄상은 천지신명과 사람이 모두 다 아는 일인데 무엇을 오해했단 말인가? 더구나 나는 한 명의 개인으로서 다른 사람을 죽인 범죄자가 아니다. 나는 대한국 의병 참모중장의 소임을 띠고 하얼빈에 와서 전쟁의 일환으로 이토를 사살한 후 포로가 되어 이곳에 온 것이다. 뤼순구 지방재판소와는 전혀 관계가 없는 일이니 만국공법과 국제공법으로 판결하는 것이 옳다."

이때 시간이 이미 다 되어 재판관이 말했다.

"이틀 뒤 재판을 재개하여 선고하겠다."

나는 속으로 생각했다.

'모레면 일본국 사천 칠백만 인격의 무게를 달아볼 수 있겠구나. 어디 경중 고하를 지켜보리라.'

그날 법원에 도착하자 마나베 재판관이 선고했다.

"안중근을 사형에 처한다. 우덕순은 징역 삼 년, 조도선과 유동하는 각각 징역 일 년 반에 처한다."

재판관은 검찰관과 같은 말을 되풀이하며 항소 일자는 오 일 안에 다시 정하겠다고 말하고는 다른 말이 없이 서둘러 공판을 끝내고 흩어졌다. 이때가 1910년 경술년 정월 초삼일이었다. 나는 다시 감옥으로 돌아와 속으로 생각했다.

'내가 생각했던 것에서 벗어나지 않았다. 예로부터 허다한 충의지사들이 죽음을 무릅쓰고 충성스럽게 간언하여 정략을 세우면 뒷날의 역사에 맞지 않은 것이 없었다. 나는 동양의 대세를 걱정하여 정성을 다하고 몸을 바쳐 방책을 세웠고, 오늘 그것이 끝내 허사로 돌아갔으니 통탄한들 어찌 하겠는가.

그러나 일본국 사천만 민족이 안중근을 크게 외칠 날이 머지않을 것이다. 동양의 평화가 이렇게 깨어지니 백 년 풍운이 어느 때에 그치겠는가? 현재 일본의 당국자가 조금이라도 지식이 있다면 이런 정책은 절대 행하지 않을 것이다. 더구나 염치와 공정한 마음이 있다면 어찌 이와 같은 행동을 할 수 있을 것인가?

지난 1895년 을미년에 한국에 와 있던 일본 공사 미우라가 군인들을 몰고 궁궐을 침범하여 한국의 명성황후 민 씨를 시해했다. 그런데도 일본 정부는 미우라를 처형도 하지 않고 석방했다. 그것은 분명히 그렇게 하라는 명령을 내린 자가 있었기 때문이다. 오늘에 이르러 나의 사건을 논하자면, 설령 개인 간의 살인죄라 할지라도 미우라의 죄와 나의 죄 가운데 어느 것이 더 무겁고 어느 것이 더 가벼운가? 그야말로 머리가 깨지고 쓸개가 찢어질 노릇이다. 내게 무슨 죄가 있느냐, 내가 무슨 잘못을 범했느냐?'

이렇게 천만 번 생각하다가 문득 크게 깨달았다. 나는 손뼉을 치고 크게 웃으며 말했다.

"나는 과연 큰 죄인이다. 다른 죄가 아니라 내가 어질고 약한 한국 국민이 된 죄로다."

그러자 마침내 의심이 풀려 안심이 되었다.

그 뒤 전옥 구리하라가 특별히 소개해 준 덕분에 고등법원장 히라이시와 만나 이야기를 나눌 수 있었다. 내가 사형 판결에 불복하는 이유를 대강 설명한 후 동양의 세력 관계와 평화 정략에 관한 의견을 말했더니, 고등법원장이 다 듣고는 감개하며 대답했다.

"내가 비록 그대를 깊이 동정하기는 하지만 정부 주권 기관의 생각을 고칠 수 없는 것을 어찌하겠소? 그대가 진술하는 의견은 마땅히 정부에 전달하겠소이다."

그 말을 듣고 내가 고마워하며 말했다.

"이처럼 공정한 논평은 일생에 두 번 듣기 어려운 일이오. 이런 공의로움 앞에서는 목석이라 할지라도 감복할 것 같소."

나는 다시 청했다.

"만일 허가해 준다면 동양 평화에 관한 책 한 권을 저술하고 싶으니, 사형 집행 날짜를 한 달 정도 늦춰 줄 수 있겠소?"

그러자 고등법원장이 대답했다.

"어찌 한 달 뿐이겠소? 설사 몇 달이 걸리더라도 특별히 허가하겠으니 걱정하지 말라."

나는 감사의 뜻을 전하고 돌아와 항소권 청구를 포기했다. 설사 항소를 한다고 해도 아무런 이익이 없을뿐더러, 고등법원장의 말이 진심이라면 굳이 더 생각할 것도 없었기 때문이다. 그래서 「동양평화론」을 저술하기 시작했다.

그때 법원과 감옥의 일반 관리들이 내 손으로 쓴 글을 기념으로 삼고자 비단과 종이 수백 장을 넣어 주며 요청했기 때문에, 부득이 필법에 능하지 못한 것을 생각하지 않고 남의 웃음거리가 되는 것도 돌아보지 못한 채 매일 몇 시간씩 글을 썼다.

내가 감옥에 있는 동안 특별히 친한 벗 두 사람이 있었다. 부장 아오키 씨와 간수 다나카 씨였는데, 아오키는 성질이 어질고 공평했으며 다나카는 한국어에 능통했다. 두 사람이 나의 일거수일투족을 돌보아 주었기 때문에 나와 그들은 정이 들어 형제와 같았다.

그때 고향의 천주교회 홍 신부가 내게 영생영락의 성사를 베풀기 위해 한국에서 이곳까지 와 주었다. 서로 면회하니 꿈인 듯 취한 듯 기쁨을 형언할 수 없었다. 그는 본래 프랑스 사람으로 파리에서 동양전교회 신학교를 졸업한 뒤 동정을 지키고 신품성사를 받아 신부가 된 분이었다.

재주가 출중해 학문에 조예가 깊었고 영어, 프랑스어, 독일어, 라틴어까지 모르는 말이 없었다. 1890년경 한국에 와서 경성과 인천에서 몇 해를 살다가 1895년에서 1896년 사이에 다시 황해도 등지로 내려와 전교를 했는데, 그때 내가 입교해 세례를 받고 그 뒤에도 같이 있었다. 오늘 이곳에서 다시 만날 줄 누가 생각이나 했겠는가? 그는 당시 오십삼 세였다.

홍 신부는 교회의 가르침에 따라 나를 훈계한 뒤 이튿날 고해성사를 베풀고, 그 이튿날 아침 감옥에 와서 성수를 뿌리고 성체성사를 거행했다. 천주의 특별한 은혜를 받으니 감사하기 이를 데 없었다. 이때 감옥서에 있는 일반 관리들이 모두 와서 참례했다. 그리고 그 다음날 오후 두 시쯤 홍 신부가 다시 와서 내게 말했다.

"오늘 한국으로 돌아가기에 작별하러 왔다."

몇 시간 동안 서로 이야기를 나눈 후 손을 잡고 작별할 때 그가 말했다.

"인자하신 천주께서 너를 버리지 않을 것이요, 반드시 거두어 주실 것이니 안심하고 있으라."

손을 들어 나를 향해 강복한 뒤 떠나가니, 때는 1910년 경술년 2월 초하루 오후 네 시쯤이었다.

이상이 안중근 삼십이 년 역사의 줄거리이다.

경술 2월 초닷새(양력 3월 15일)

뤼순 감옥에서

대한국인 안중근이 쓰다

동양평화론

대체로 합치면 성공하고 흩어지면 패한다는 것은 만고에 분명한 이치이다. 지금 세계는 동서로 나뉘어 있고, 인종도 각기 달라 서로 경쟁하는 것이 다반사이다. 농업과 상업보다 무기를 더 많이 연구하여 기관총, 비행선, 잠수함 등 새로운 발명품들을 만들었지만 이는 모두 사람을 다치게 하고 사물을 파괴하는 기계이다.

청년들을 훈련해 전쟁터로 몰아넣고 수많은 귀중한 생명을 희생양처럼 버리니 피가 냇물을 이루고 살점이 땅에 질펀하게 널리는 일이 매일 그치지 않는다. 살기 바라고 죽기 싫어하는 것이 인지상정이거늘 밝은 세상에 이 무슨 모양인가. 말과 생각이 여기에 이르니 뼈가 시리고 심장이 서늘해진다.

근본을 따져보면 예로부터 동양 민족은 학문에만 힘쓰고 제 나라만 조심히 지켰을 뿐, 유럽 땅을 단 한 치도 침입해 빼앗은 적이 전혀 없음은 오대륙 사람이나 짐승, 초목까지도 다 아는 일이다.

그런데 유럽 여러 나라는 최근 수백 년 이래 도덕심을 까맣게 잊었다. 경쟁하는 마음을 기르고 무력을 일삼으면서도 조금도 꺼리지 않으니, 그중 러시아가 더욱 심하다. 러시아의 폭력과 잔인함이 서유럽이나 동아시아 어느 곳이든 미치지 않는 곳이 없이 차고 죄가 넘쳐 신과 사람이 다 같이 분노하였다. 그 까닭에 하늘이 한 번 기회를 주어 동해의 작은 섬나라 일본이 이 같이 강대한 나라 러시아를 만주 대륙에서 한주먹으로 때려눕히게 하였다.[1] 누가 이런 일을 헤아릴 수 있었겠는가. 이것은 하늘의 뜻에 따르고 땅의 보살핌을 얻은 것으로 인정(人情)에도 어울리는 일이다.

만일 당시 한국과 청 두 나라 사람 상하(上下) 모두 전날의 원수를 갚고자 일본을 배척하고 러시아를 도왔다면 일본이 어찌 대승 거둘 것을 예상이나 했겠는가. 그러나 한국과 청 두 나라 사람들은 이 같이 행동할 생각도 없었을 뿐 아니라, 오히려 일본 군대를 환영하고 운수, 도로 정비, 정탐 등 힘들고 수고스러운 것을 잊고 힘써 주었다. 이것은 무슨 이유인가. 큰 이유 두 가지가 있다.

일본과 러시아가 전쟁을 시작할 때, 일본 천황은 선전포고 조서에서 "동양 평화를 유지하고 대한 독립을 공고히 한다."라고 했다. 이 같은 대의가 밝은 대낮보다 더 밝았기에 한국과 청 사람들은 지혜로운 이나 어리석은 이를 막론하고 한결같은 마음으로 따른 것이 그 이유 중 하나이다.

하물며 일본과 러시아의 다툼은 황인종과 백인종의 경쟁이라 할 수 있으므로 지난날 원수진 마음이 하루아침에 사라지고 도리어 하나의 큰 애종당(愛種黨, 같은 인종끼리 마음을 같이 하는 무리—옮긴이)을 이루었으니, 이것

---

1 1904~1905년 러일전쟁을 말한다.

도 인정과 이치에 합당한 또 하나의 이유라 할 수 있다.

통쾌하고 장하도다. 수백 년 동안 악을 행하던 백인종의 선봉을 북소리 하나로 크게 부수었도다. 참으로 천고(千古)에 드문 일이며 세계가 기념할 업적이다. 당시 한국과 청 두 나라의 뜻있는 이들이 하나같이 기뻐해 마지않은 것은 일본의 정략이나 일 처리가 동서양 천지가 개벽한 이래 가장 뛰어난 대사업이며 시원스러운 일이라 여겼기 때문이다.

슬프다. 천만뜻밖에도 일본이 크게 승리한 이후 가장 가깝고 가장 친하며, 약하지만 어진 같은 인종 한국을 힘으로 눌러 조약을 정하고[2] 만주 창춘 이남을 조차(租借)를 빙자하여 점거하였다. 그 때문에 세계 모든 사람의 머릿속에 의심이 구름처럼 홀연히 일어나 일본의 명성과 정대(正大)한 공훈이 하루아침에 뒤집혀, 만행을 일삼는 러시아보다 더 못된 나라로 여기게 되었다.

슬프다. 용과 호랑이 위세로 어찌 뱀이나 고양이처럼 행동한단 말인가. 이렇게 좋은 기회를 어떻게 다시 찾을 수 있을까. 아깝고 통탄할 일이다.

'동양 평화'와 '한국 독립' 문제는 이미 전 세계 모든 나라 사람이 다 아는 사실이며 당연한 일로 굳게 믿었고, 한국과 청 두 나라의 마음에 깊이 새겨졌다. 이와 같은 사상은 비록 하늘도 소멸시키기 어려울 것인데 하물며 한두 사람의 꾀로 어찌 말살할 수 있겠는가.

지금 서양 세력이 동양으로 침략의 손길을 뻗쳐오고 있는데, 이 환란을

---

2 1904년 통신·철도 등을 빼앗은 한일의정서 체결과 1905년 외교권을 빼앗은 을사늑약을 지칭한다.

동양 인종이 일치단결해서 힘껏 방어함이 최상의 방법임은 어린아이라도 다 알고 있다. 그런데 무슨 이유로 일본은 이러한 자연스러운 형세를 돌아보지 않고 같은 인종인 이웃 나라를 강제로 **빼앗고** 친구의 정을 끊어, 스스로 조개와 도요새가 서로 물고 물리는 형국이 되어 어부를 기다리듯 하는가. 한국과 청 두 나라 사람들의 소망이 완전히 끊어지고 말았다.

만약 일본이 정략을 고치지 않고 이웃나라들을 날로 심하게 핍박한다면 차라리 다른 인종에게 망할지언정 같은 인종에게 욕을 당하는 것은 참을 수 없다는 의론이 한국과 청나라 사람들의 마음 깊은 곳에서 용솟음쳐서 모두가 스스로 백인의 앞잡이가 될 것이 불을 보듯 뻔하다.

그렇게 되면 동양의 수억 황인종 가운데 수많은 뜻있는 이들과 울분에 쌓인 사람들이 수수방관하며 동양 전체가 까맣게 타죽는 참상을 앉아서 기다릴 것이니 그래서야 어찌 되겠는가.

그래서 동양 평화를 위한 의로운 싸움을 하얼빈에서 시작하고, 옳고 그름을 가리는 자리는 뤼순구(旅順口)에 정했다. 그리고 동양 평화에 관한 의견을 제출하니 여러분은 깊이 살펴 주시기 바란다.

1910년 경술 2월
대한국인 안중근
뤼순 옥중에서 쓰다

동양평화론

전
감
前
鑑 **3**

예로부터 지금에 이르기까지 동서남북의 육대주 어디를 막론하고 헤아리기 어려운 것은 대세가 뒤엎어지는 것이고 알 수 없는 것은 인심이 변하는 것이다.

지난날(갑오년, 1894년) 청일전쟁을 보더라도 그때 조선의 쥐새끼 같은 도적 무리인 동학당(東學黨)의 소요⁴로 청과 일본 두 나라가 병력을 동원해 조선에 건너와 함부로 전쟁을 벌이며 충돌하였다.

청이 패하고 일본이 승승장구하여 랴오둥의 반을 점령하였다. 험준한 요새인 뤼순을 함락시키고 청나라의 북양함대를 격파한 후 시모노세키에서 담판을 열어 조약을 체결하여 타이완을 할양받고 2억 원을 배상금으로 받기로 하였다. 이는 일본의 메이지 유신 후 큰 기적이라 할 만하다.

---

3 전감은 앞사람이 한 일을 거울삼아 스스로를 경계한다는 뜻이다. 이 글에서는 지난 역사를 되새겨 일본 군국주의의 무모함을 경계한다는 의미로 사용되고 있다.

4 안중근은 동학농민운동이 청과 일본 등 외국 군대가 한반도에 개입할 명분을 주었다고 여겼다.

청은 물자가 풍부하고 땅이 넓어 일본에 비하면 수십 배는 족히 되는데 어떻게 이렇게 패했는가. 예로부터 청나라 사람은 자신을 중화대국(中華大國)이라 일컫고 다른 나라를 오랑캐라 부르며 무척 교만했다. 더구나 권력을 가진 신하와 친족들이 국권을 마음대로 휘두르고 관료와 백성이 원수가 되어 위아래가 불화했기 때문에 이처럼 욕을 당한 것이다.

일본은 메이지 유신 이래로 민족이 화목하지 못하고 다툼이 끊이지 않았으나, 외교 분쟁이 생겨난 후에는 집안싸움이 하루아침에 그치고 힘을 합쳐 한 덩어리로 애국당(愛國黨, 같은 민족으로 마음을 같이하는 무리―옮긴이)을 이루었으므로 이 같은 승리를 올리게 된 것이다. 이것이 이른바 외인(外人)은 아무리 친해도 다투는 형제보다 나을 수 없다는 말이다.

이때 러시아가 한 행동을 기억해야 한다. 당시 러시아는 동양함대를 조직하고, 프랑스와 독일 두 나라와 연합하여 일본 요코하마 항구 해상에서 대규모 시위를 벌였다. 이에 일본은 랴오둥반도를 청에 되돌려주고 청은 내야 할 배상금이 줄어들었다.[5] 밖으로 드러난 행동을 보면 가히 천하의 공법이고 정의라 할 수 있다. 그러나 그 내용을 들여다보면 호랑이 심술보다 더 사납다. 불과 수년 만에 러시아는 민첩하고 교활한 수단으로 뤼순구를 조차한 후 군항을 확장하고 철도를 부설하였다.

이런 일의 근본을 따져 보면 수십 년 전부터 평톈 이남 다롄, 뤼순, 뉴좡 등 바다가 얼지 않는 항구를 한 곳이나마 억지로 가지고 싶어한 러시아의

---

5 1895년의 삼국간섭을 말한다. 청일전쟁의 결과 일본이 랴오둥반도의 영유권을 얻었는데, 이에 반대하여 러시아, 프랑스, 독일 삼국이 그것을 청에 돌려주도록 압박한 사건이다.

욕심이 불같고 밀물 같았다. 그러나 감히 손쓰지 못한 까닭은 영국과 프랑스 두 나라에게 톈진을 침략당한 청이 관둥의 각 진영에 신식 군사시설을 많이 설치했기 때문이다. 감히 손 쓸 마음을 먹지 못하고 끊임없이 침만 흘리면서 오랫동안 때가 오기를 기다렸다. 그러다가 지금에 이르러 계산이 들어맞은 것이다.

당시 뜻이 있고 안목을 갖춘 일본인이라면 누구라도 창자가 갈기갈기 찢어지지 않았겠는가. 그러나 이유를 따져 보면 이 모두가 일본의 허물이다. 이것이 바로 구멍이 있으면 바람이 생기는 법이요, 자기가 먼저 치니까 남도 친다는 격이다. 만일 일본이 먼저 청을 침범하지 않았다면 러시아가 어찌 감히 이렇게 행동했겠는가. 제 도끼에 제 발등 찍힌 것이라 할 수 있다.

이로부터 중국 전체의 모든 사회 언론이 들끓었으므로 무술변법[戊戌改變][6]이 자연스럽게 양성되는 듯했으나, 곧이어 의화단(義和團)[7]이 들고 일어났으며 일본과 서양을 배척하는 대재난이 크게 일어났다.

그래서 8개국 연합군이 보하이 해상에 운집하여 톈진을 함락하고, 베이징으로 쳐들어갔다. 청 황제가 시안부로 피신하는가 하면 군인과 민간인 가릴 것 없이 상해를 입은 자가 수백만 명에 이르고 금은재화의 손해는 그 수를 헤아릴 수 없었다. 이 같은 참화는 세계 역사상 드문 일이자 동양의 큰 수치일 뿐 아니라 장래 황인종과 백인종 사이가 나뉘어 다툼이 그치지 않을

---

6 1898년 캉유웨이, 량치차오 등에 의한 변법자강운동으로 백일 만에 실패로 끝났지만 그 영향은 지대하였다.
7 청일전쟁 후 제국주의 열강의 압력에 항거해 1900년대에 중국 산둥성 여러 지역에서 표면화하여 베이징, 톈진 등지로 확대되었다. 반제국 반청 배외운동을 벌였다.

첫 징조였다. 어찌 경계하고 탄식하지 않을 것인가.

이때 러시아 군대 십일만 명이 철도 보호를 핑계로 만주 접경지역에 주둔해 있으면서 끝내 철수하지 않았으므로 러시아 주재 일본 공사 구리노 씨가 혀가 닳고 입술이 부르트도록 그 폐단을 주장하였지만, 러시아 정부는 들은 체도 하지 않았을 뿐 아니라 도리어 군사를 늘렸다.

슬프다. 일본과 러시아 두 나라 사이의 대참화를 끝내 벗어나지 못하였다. 그 근본 원인을 논한다면 궁극적으로 어디로 돌아가게 될 것인가. 이야말로 동양의 일대(一大) 전철(前轍)이 될 만하다.

당시 일본과 러시아 두 나라가 각각 만주로 출병할 때 러시아는 단지 시베리아철도로 팔십만 군비를 실어 날랐으나, 일본은 바다를 건너 남의 나라[8]를 지나 네댓 군단과 군수품과 군량을 수륙 양면으로 보내 랴오허 일대에 수송했으니 비록 예정한 계획이었다고는 하지만 어찌 위험하지 않았겠는가. 결코 완전한 방책이 아니요, 참으로 마구잡이 싸움이라 할 수밖에 없다.

일본 육군이 잡은 길을 보면 한국의 각 항구와 싱징, 진저우만[9] 등지에 상륙하였으니 사오천 리를 이동하며 겪었을 바다와 육지에서의 괴로움은 말하지 않아도 짐작할 수 있다.

이때 일본군이 연전연승은 했지만 여전히 함경도를 벗어나지 못했고, 뤼순구도 아직 격파하지 못했으며, 펑톈에서도 이기지 못했다.

만약 한국의 관민이 일치하여 한 목소리로 일본인이 을미년(1895년)에

---

8 대한제국을 말한다.

9 랴오둥반도와 보하이만 유역의 진저우金州시를 말한다.

한국 명성황후 민씨를 무고히 시해했으니 그 원수를 이 기회에 갚아야 한다고 사방에 격문을 띄우고 일어났다면, 함경도와 평안도 사이에 있던 러시아 군대가 예상치 않은 곳에서 오가며 생각지 못한 곳을 공격해 일본군과 전후좌우로 충돌하고, 청 또한 위아래가 협동해 지난날 의화단 때처럼 들고일어나 갑오년(1894년)의 묵은 원수를 갚겠다면서 베이징 일대 사람들이 폭동을 일으키고 허실을 살펴 방비 없는 곳을 공격해 가이핑·랴오양 방면으로 유격 기습을 벌이며 싸우고 지켰다면, 일본군은 남북이 분열되고 앞뒤로 적을 맞아 중심과 주변 모두 곤경에 처하는 어려움을 면하기 쉽지 않았을 것이다.

만일 이 지경에 이르렀다면 뤼순, 펑톈 등지의 러시아 장졸들은 예기(銳氣)가 높아지고 기세가 배가해 앞뒤로 가로막고 좌충우돌했을 것이다. 그랬다면 일본군 세력이 머리와 꼬리가 닿지 않아 군수품과 군량미를 이어댈 방법을 찾기가 매우 어려웠을 것이다.

그렇게 되었다면 야마가타 아리토모[10]와 노기 마레스케[11]의 방책과 계략은 분명히 무산되었을 것이고, 또한 이때 청 정부와 주권자들의 야심도 폭발해서 묵은 한을 갚는 시기를 놓치지 않았을 것이다.

이른바 '만국공법(萬國公法)'이나 '엄정중립(嚴正中立)' 같은 말들은 모두

---

10 山縣有朋(1838~1922) : 청일전쟁 당시 일본 제1군사령관으로 무공을 크게 세우고 이토 히로부미에 이어 두 차례나 내각총리대신을 역임하였다.

11 乃木希典(1849~1912) : 청일전쟁 당시 일본 육군중장으로 제2사단장으로서 타이완을 점령하고 총독이 되었다. 러일전쟁 때는 육군대장 제3군사령관이 되어 수만 병력을 희생하면서도 뤼순 점령에 성공하고 펑톈까지 진출하여 러시아와 싸웠다.

근래 외교가의 교활한 속임수이니 언급할 바가 못 된다. 군사 행동에서는 적을 속이는 것을 꺼리지 않거나 의외의 허점을 치고 나가는 것이 전략가의 묘책이라고 말하면서, 청의 관민이 하나가 되어 명분 없이 군사를 동원하여 일본을 배척하는 상태가 무척 극렬했다면, 동양 전체를 휩쓸 백년 풍운(百年風雲)을 어찌할 뻔했는가.

만일 이와 같은 지경이 되었다면 유럽 열강이 뜻밖에 좋은 기회를 얻었다며 각기 앞을 다투어 군사를 출동시켰을 것이다. 그때 영국은 인도와 홍콩[12] 등지에 주둔하고 있는 육군과 해군을 병진시켜 웨이하이웨이[13] 방면에 집결시켜 놓고는 분명히 강경한 수단으로 교섭에 나서 청 정부를 추궁했을 것이다.

또 프랑스는 사이공과 마다가스카르[14]에 있는 육군과 군함을 일시에 지휘해서 아모이 등지로 모여들게 했을 것이고 미국, 독일, 벨기에[15], 오스트리아, 포르투갈, 그리스 등의 동양 순양함대는 보하이 해상에서 연합해 합동조약을 미리 준비하고는 이익을 서로 나누길 바랐을 것이다.

그렇게 되면 일본은 어쩔 수 없이 밤새워 전국의 군비와 국가의 모든 재정을 편성한 뒤에 만주, 한국 등지로 곧바로 수송했을 것이다.

청은 격문을 사방으로 띄워 만주, 산둥, 허난, 찡샹 등지의 군대와 의용

---

12 당시 영국령.

13 산둥반도에 위치한 군항.

14 당시 프랑스령.

15 원문은 '義國'으로 벨기에白耳義와 이탈리아義大利가 모두 해당하나, 당시 동양함대를 가지고 있었던 것은 벨기에이므로 문맥상 벨기에를 뜻한다.

병을 아주 급히 소집해 용과 호랑이가 다투는 형세로 일대 풍운을 자아냈을 것이다. 만약 이러한 형세가 벌어졌다면 동양의 참상은 말로 하지 않아도 상상하고 남음이 있다.

이때 한국과 청 두 나라는 그렇게 하지 않았을 뿐만 아니라 오히려 약장(約章)을 준수하고 털끝만큼도 움직이지 않아 일본이 만주 땅 위에서 위대한 공훈을 세우게 했다. 이를 보면 한국과 청 두 나라 인사의 개명(開明) 정도와 동양 평화를 희망하는 정신을 충분히 알 수가 있다. 그러니 동양의 뜻있는 인사들의 깊은 생각과 헤아림은 가히 훗날의 모범이 될 것이었다.

그런데 러일전쟁이 끝날 무렵, 강화조약[16] 성립을 전후해 한국과 청 두 나라의 뜻있는 인사들의 수많은 소망이 모두 잘려버렸다.

당시 일본과 러시아 양국 전쟁의 형세를 논한다면 개전 이후로 크고 작은 교전이 수백 차례였으나, 러시아 군대는 연전연패로 상심하고 낙담하여 멀리서 적을 보기만 해도 싸우지 않고 달아났다.

일본 군대는 백전백승 승승장구하여 동으로는 블라디보스토크 가까이 이르고 북으로는 하얼빈에 육박하였다. 사세가 여기까지 이르렀으니 기회를 놓칠 수 없었다. 이왕 벌인 일이니 비록 온 국력을 기울여서라도 한두 달 동안 사력을 다해 나아가 공격하면 동으로 블라디보스토크를 차지하고 북으로 하얼빈을 격파하는 것은 불을 보듯 뻔한 형세였다.

만약 그렇게 되었다면 러시아의 백년대계는 분명히 하루아침에 흙이 무너지고 기와가 깨어지는 모습이 되었을 것이다. 그런데 무슨 이유로 그렇

---

16 1905년 9월 4일 체결된 포츠머스조약.

게 하지 않고 은밀히 구구하게 먼저 강화를 청해 화근을 뿌리째 뽑아 버리지 않았는지 가히 한탄스러운 일이다.

게다가 일본과 러시아의 강화 담판을 보더라도 천하에 어떻게 워싱턴을 장소로 정했단 말인가?[17] 당일 형세가 비록 미국이 중립을 지켜 편파적인 마음이 없었다지만, 짐승이 다툴 때도 오히려 주객의 형세가 있는 법인데 하물며 인종의 다툼에 있어서랴. 일본은 전승국이고 러시아는 패전국인데 일본이 어찌 제 본뜻대로 정하지 못했는가. 동양에서는 마땅히 알맞은 곳이 없어서 그랬단 말인가.

고무라 주타로 외상이 구차스레 수만 리 밖 워싱턴까지 가서 강화조약을 체결할 때 사할린 절반을 벌칙조항에 넣은 일은 혹 그럴 수도 있어 이상하지 않지만, 한국을 그 가운데 집어 넣어 우월권을 갖겠다고 한 것은 근거도 없고 합당하지도 않은 처사이다.

지난날 시모노세키조약[18] 때는 본디 한국이 청의 속방이었으므로 그 조약 중에 간섭이 반드시 있게 마련이지만, 한국과 러시아 두 나라 간에는 처음부터 관계가 없는 터인데 무슨 이유로 그 조약에 들어가야 한단 말인가.

일본이 한국에 대해 이미 큰 욕심을 가지고 있었다면 어찌 자기 수단으로 마음대로 하지 못하고 이와 같이 유럽 백인종과의 조약 중에 끼워 넣어 영원히 문제가 되도록 하였단 말인가. 도무지 어이없는 처사이다. 또 이미 중재의 주역이 된 미국 대통령도 한국이 구미 사이에 놓인 것을 보고 분명

---

17 실제로는 미국 포츠머스에서 조약이 체결되었다.

18 청일전쟁 후 이토 히로부미와 리훙장이 일본 시모노세키에서 맺은 조약.

히 몹시 놀라고 좀 괴이하다고 생각했을지라도, 같은 종족을 아끼는 의리로 일을 처리했을 리는 만무하다.

또한 미국 대통령은 노련한 수단으로 고무라 주타로 외상을 농락하여 약간의 섬 지역과 파손된 배와 철도 등 남은 물건을 배상으로 나열하고는 거액의 벌금은 모두 없애 버렸다.

만일 이때 일본이 패하고 러시아가 승리해 담판하는 자리를 워싱턴에서 개최했다면 일본에 대한 배상 요구가 어찌 이처럼 약소했겠는가. 그러하니 세상일이 공평하지 않음을 이를 미루어 알 수 있다.

이는 다른 까닭이 아니라, 지난날 동쪽을 침략하고 서쪽을 정벌하던 러시아의 행위가 뼈아프고 가증스러워 구미 열강이 각자 엄정중립을 지켜 서로 돕지 않았던 탓이다. 이처럼 황인종에게 패전 당한 뒤 일을 매듭짓는 자리에서 어찌 같은 인종으로서의 정의(情誼)가 없었겠는가. 이것은 인정세태의 자연스러운 형세이다.

슬프다. 그러므로 자연의 형세를 돌아보지 않고 같은 인종인 이웃 나라를 해치는 자[19]는 끝내 따돌림을 받아 혼자가 되는 재앙을 결코 피하지 못할 것이다.[20]

---

19 일본을 가리킨다.

20 안중근은 여기까지 쓰다가 나머지는 집필하지 못한 채 1910년 3월 26일 사형당했다.

부록

| 안중근 추모시 |

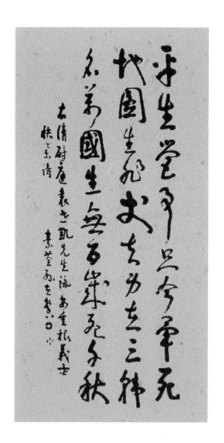

위안스카이 (袁世凱, 1859-1916)
중화민국 초대 대총통

평생을 벼르던 일 이제야 끝났구려
죽을 땅에서 살려는 건
장부가 아니고 말고
몸은 한국에 있어도
만방에 이름 떨쳤소
살아선 백 살이 없는 건데
죽어 천 년을 가오리다

1909년 안중근의 하얼빈 의거는 세계의 이목을 집중시켰다. 각국의 주요 언론들의 의거의 전말을 앞다투어 보도했고, 논평과 추모 시문 등이 상당 기간 동안 이어졌다. 특히 관계국인 일본과 중국, 러시아가 큰 관심을 보였는데, 대륙 침략의 칼날을 세우던 일제는 이토의 피살 소식을 접하고 경악을 금치 못했으나 한국과 중국에서는 통쾌히 여기며 환호했다. 한편 만주 침략 정책을 놓고 일제와 협상하려던 러시아는 재빠르게 안중근과 우덕순 등 관련 인물을 체포하여 일제에 인도했다.

  이러한 가운데 한국과 중국의 지도자와 문인, 학자들은 의거를 격찬하면서 이를 계기로 양국의 사람들이 공동으로 항일 투쟁에 나서기를 희망했다. 그들은 시문을 읊어 추모하며 의거의 전말과 역사적 의의를 평가했는데, 중화민국의 초대 대총통 위안스카이도 송시를 지어 안중근 의사를 추모하였다.

  일본은 이토 히로부미를 앞세워 1875년 청일전쟁을 치르면서 청나라가 20여 년 동안 공들여 키워 온 북양해군을 전멸시켰을 뿐 아니라, 시모노세키조약을 통해 랴오둥반도와 타이완 등을 빼앗았다. 또한 군비 배상금으로 은 2억 냥을 빼앗아가고 충칭을 통상 항구로 개방시키며, 공장을 설치하고 일본 상품의 세금을 감면시키는 등 많은 혜택을 강요해 획득했다. 조약 체결을 위해 시모노세키를 방문한 청나라 원로 정치가 리훙장은 '섬나라 후배 이토 히로부미'에게 조롱을 당한 일이 일생 최대의 치욕이었다고 한탄했다. 이때부터 중국인들은 이토를 두렵고도 가증스러운 일대 공적으로 취급했다. 중국의 현실이 이러했기 때문에 안중근의 의거는 중국 사회에 큰 반향을 불러 일으켰다. 중국의 국부 쑨원도 하얼빈 의거에 대해 송시를 지어 찬양하였다.

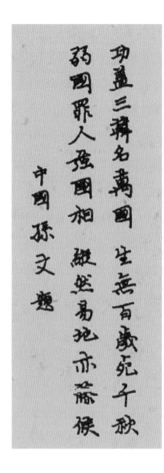

쑨원 (孫文, 1866-1925) 중화민국 초대 임시대총통

공은 삼한을 덮고 이름은 만국에 떨치나니
백 세의 삶은 아니나 죽어서 천추에 드리우리
약한 나라 죄인이요 강한 나라 재상이라
그래도 처지를 바꿔 놓으니 이등도 죄인되리

안중근이 뤼순의 관동도독부 지방법원에서 재판을 받던 시기와 뤼순 감옥에서 순국한 시기를 전후해 중국인들의 안중근에 대한 숭배와 추모는 절정을 이루었다. 안중근을 찬양하는 시 가운데 가장 유명한 것은 량치차오의 「추풍단등곡(秋風斷藤曲)」이라는 시다. 량치차오는 이 시에서 안중근을 향한 존경과 숭배의 마음을 극대화하여 표현하고 있다.

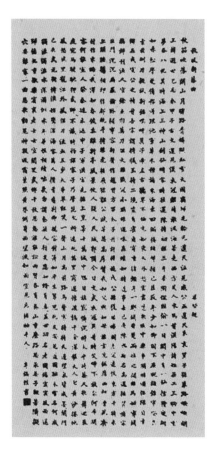

량치차오 (梁啓超, 1873-1929)
중화민국 초 계몽사상가·저널리스트·정치가

흙모래 대지를 휩쓸고 / 강쇠바람 울부짖는데 / 칼날 같은 흰 눈이 / 흑룡강에 쏟아진다

다섯 발자국에 피 솟구치게 하여 / 대사를 이루었으니 / 웃음소리 대지를 진감하구나 / 장하다 그 모습, 영원토록 빛나리라

영구 실은 마차 앞서 가는데 / 뚜벅뚜벅 말발굽 소리 애처롭구나 / 먼 하늘 바라보니 상복이나 입은 듯 / 먹장 같은 구름안개 대지를 덮었네

당나라 덕종이 무원형을 잃더니 / 조정에선 나라의 동량지재 잃었도다 / 창해장수 박랑사에서 진왕을 치더니 하얼빈 역의 총 소리는 세계를 진감하구나

만민이 형가 같은 영웅을 우러러보니 / 그 사나이 평소마냥 태연자약하고 / 공개 재판에 나서서도 떳떳하게 / 법관 질문에 대답하기를

내가 사나이 대장부로 태어나 / 자기의 죽음을 예사로 여기지만 / 나라의 치욕을 씻지 못했으니 / 어찌 공업(功業)을 이루었다 하리오

깊고도 혼탁한 독록강 물결 / 세상은 이 강물처럼 험악한데 / 사람들의 원한도 흐르는 그 물결마냥 / 해마다 날마다 이어져 가리

중국에서 독립 운동을 하던 김택영은 안중근의 의거 소식을 듣고 한 시「의병장 안중근의 나라 원수 갚은 소식을 듣고」를 남겼다. 아래는 그의 시를 노산 이은상이 한글로 번역한 것이다.

창강 김택영 (金澤榮, 1850-1927)
한학자·민족사학자

황해도 장사 두 눈을 부릅뜨고
염소새끼 죽이듯이 나라 원수 죽였다네
안 죽고 살았다가 이 기쁜 소식 들을 줄이야
덩실덩실 춤노래 한바탕 국화조차 우쭐거리네
해삼위라 큰 매 하나 하늘 쓸고 돌더니만
하얼빈 역 머리에 벼락불 떨어졌네
육대주 영웅호걸 몇 분이나 되시는지
모두들 가을바람에 수젓가락 떨구었으리
예로부터 안 망한 나라 어디 있던가
하찮은 아이놈이 큰 나라도 엎지르네
무너지는 하늘을 떠받드는 인물 보소
망하는 때이건만 도리어 빛이 나네

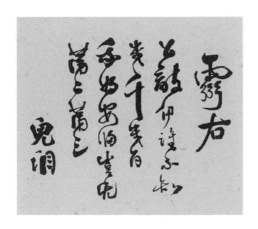

예관 신규식 (申圭植, 1879-1922)
독립운동가

영전에
공적 이토 히로부미 따위가
몇 천 몇 백으로 부지기수로다
비록 우리의 안 장군은 귀로에 올랐어도
어이 제2 제3의 안 장군이 없으리요

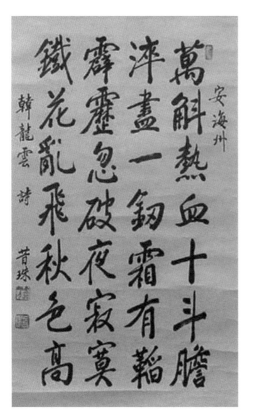

만해 한용운 (韓龍雲, 1879-1944)
독립운동가·시인·승려

만 섬의 끓는 피여! 열 말의 담력이여!
벼르고 벼른 기상 서릿발이 시퍼렇다
별안간 벼락치듯 천지를 뒤흔드니
총탄이 쏟아지는데 늠름한 그대 모습이여

揮毫를 하고
「第一江山」 밑에
손바닥을 꾹 눌린
大韓人 安重根
義士는
大韓人 중앙서도 大韓人.
손 명중서도 손.
세찬 暴睨과 기상은
우리 겨레의 피를 젖어
어린 것들의 눈이
팔·하가 살아 있오
가슴파이
늠드하게 뻗어진다.
諸敎 대신
손바닥을 꾹 눌렀다.
安重根
義士의
무명지 한 마디가 부족한 손.

새월은 쌀이 없지만
흔都의 강물은 쉬지 않고
흘러서 가지만
그 뜻은 겨레의
피즐 속에 살아 있데
그 외침은 강산의
바람속에 남어 있네
丁亥 무렵 湖下金相沃謹書

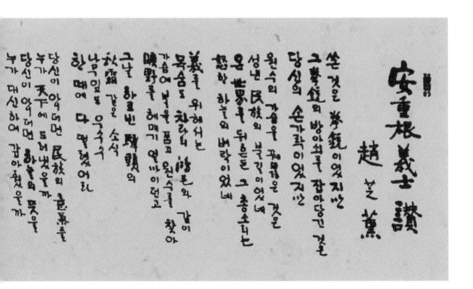

義士의 손   朴木月

絞殺 대신
손바닥을 꺽 눌렀다.
安重根
義士의 拇指에
무명지 한마디가 부족한 손.

誅戮 대신
손바닥을 꺽 눌린
아아
安重根

義士의 그 손이
하르빈 驛頭에서,
優曇을 꺾이하는
兇凶의 가슴을 꿰뚫었고
겨레의 세찬 氣脈라

바른 기상을
드높혔다.
죽음 앞에서도
泰然自若 하거
붓을 들어

박목월 (朴木月, 1916-1978) 시인·전 한양대 교수

安重根義士讚   趙芝薰

쏜 것은 拳銃의 방아쇠로
그 拳銃의 방아쇠로 잡아당긴 것은
당신의 손가락이었지만

원수의 가슴을 꿰뚫은 것은
성낸 民族의 부릅뜬 눈이었네
온 世界를 뒤흔든 그 총소리는
悲憤한 하늘의 벼락이었네

義士를 위하여서는
목숨을 차라리 鴻毛와 같이
가슴에 부여 품고 원수를 찾아
曠野를 헤매기 얼마이런고

그날 하르빈 驛頭의
秋霜 같은 소식
남무일을 우주구
한 땅에 다 떨겠어리

당신이 아니라면 民族의 魂魄을
누가 天下에 드날렸으랴
당신이 아니라면 하늘의 뜻을
누가 마신하랴 갚아주었으랴

조지훈 (趙芝薰, 1920-1968) 시인·전 고려대 교수

박두진 (朴斗鎭, 1916-1998) 시인·전 연세대 교수

| 안중근 추모문 |

夫據安重根歷史而論之 亦曰舍身
救國之 志士而己爲韓報仇之 烈俠
而己 余以爲未足以盡 重根也 重
根具世界之眼光而自仁平和之代
表者也.

백암 박은식 (朴殷植, 1859-1925) 대한민국임시정부 제2대 대통령·민족사학자
역사에 근거하여 안중근을 평가할 때 대한 사람은 몸 바쳐 나라를 구한 지사라 하였고
또는 한국을 위해 복수한 열렬한 협객이라고 하였다. 나는 이런 찬사에 그친다면 미진한
바가 있다고 생각한다. 중근은 세계적 안광을 가지고 평화의 대표를 자임한 사람이다.
- 박은식 『한국통사』 중

우남 이승만(李承晚, 1875-1965) 대한민국 제1-3대 대통령

해동명월: 동방의 밝은 달

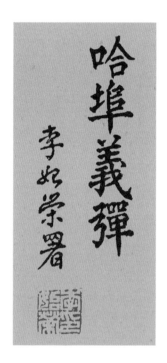

성재 이시영(李始榮, 1869-1953) 대한민국 초대 부통령

합부의탄: 하얼빈 역두의 의로운 총탄

백범 김구(金九, 1876-1949) 대한민국임시정부 주석

지난행이: 앎은 어렵고 행동은 쉽다

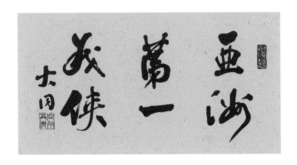

장빙린(章炳麟, 1868-1936) 중국 근대의 사상가·학자

아주제일의협: 아시아 제일의 의사이면서 협객

牡烈千秋

安重根義士紀念館

蔣中正

中華民國六十一年七月六日

장제스(蔣介石, 1887-1975) 중국 정치가·타이완 초대 총통

장렬천추: 장렬한 뜻 천추에 빛나다

中日甲午戰爭之后, 本世紀初, 安
重根行刺伊藤博文, 就在哈爾濱
車站, 兩國人民共同反對日本帝
國主義的鬪爭, 就開始了. 摘自
(周恩來關于中朝歷史關係的談
話) 1963. 6

저우언라이(周恩來, 1898-1976) 중화인민공화국 초대 총리

(…) 갑오중일전쟁 후 본 세기 초에 안중근이 하얼빈역에서 이토 히로부미를 사살하였다. 두 나라 인민의 일본제국주의를 반대하는 공동 투쟁은 이때부터 시작되었다.

- 「저우언라이의 중조 역사 관계에 관한 담화」 중

장징궈(蔣經國, 1906-1988) 타이완 제6대 총통

벽혈단심: 붉은 피 붉은 마음

我和恩來曾排演過歌頌朝鮮英雄
刺殺日本伊藤博文的故事(安重
根)(又名亡國恨). 摘自(鄧穎超-
光輝的一生

덩잉차오(鄧穎超, 1904-1992) 저우언라이 총리 부인

나와 저우언라이는 조선의 영웅이 이토 히로부미를 사살한 일을 칭송하는 「안중근」(또
는 「망국한」)이라는 연극을 공연했다.

-『등영초: 빛나는 한 생애』 중